# La route de Champigny

contes et légendes
du Québec

Louise Courteau, éditrice inc.
c.p. 636
Verdun, QC Canada
H4G 3G6

Éditions de la Nouvelle Acadie
University of Southwestern Louisiana
Lafayette, Louisiana

Illustration de la couverture : *Brume,* Gilles E. Gingras
Cette œuvre datée de 1985 (Collection de Gestion Hackett,
Campbell et Bouchard, de Sherbrooke) est tirée de
*Luminosité* de Gilles E. Gingras (livre de luxe à tirage limité)
publié en 1986 par la galerie d'art La Cimaise inc.
(Bromont, Qc). Textes et poèmes, Ernest Pallascio-Morin.
Aimablement autorisé par l'artiste.

ISBN : 2-89239-064-8
        0-940984-040-7

Dépôt légal : 2ième trimestre 1988
Bibliothèque nationale du Québec
Bibliothèque nationale du Canada
Bibliothèque nationale de Paris
Library of Congress, Washington DC

# Ernest Pallascio-Morin

# La route de Champigny

contes et légendes
du Québec

Louise Courteau
É D I T R I C E

Éditions de la Nouvelle Acadie

Centre d'Études Louisianaises
University of Southwestern Louisiana

**Du même auteur**

*Clair-Obscur:* (Poèmes fantaisistes) Éd. Valiquette et ABC, 1939, épuisé.[1]
*Brentwick:* (Roman) Chez l'auteur. Épuisé. 1940.
*Jésus passait:* (Images de la vie de Jésus) Éd. du Lévrier, 1945.
*Je vous ai tant aimée:* (Essai sur le bonheur, l'amour et l'amitié) Éd. du Lévrier, 1945. Épuisé.
*La Louve:* (Roman) Institut Littéraire du Québec. 1952. Épuisé.
*Marie mon amour:* (Méditations) Institut Littéraire du Québec. 1954. Épuisé.
*The Immortal Profile:* (Traduction de *Jésus passait* par Ella-Marie Cooper. Éd. Franciscan Herald Press, Chicago, Ill. 1958.
*Sentiers fleuris, livres ouverts:* (pour enfants) Éd. Beauchemin. 1959. Épuisé.
*Rumeurs:* (Souvenirs de journalisme) Éd. Beauchemin. 1960. Épuisé.
*Le Vertige du dégoût:* (Essai) Éd. de l'Homme. 1961.
*Pleins feux sur l'homme:* (Poèmes) Poésie canadienne. Éd. Déom. 1963.
*Autopsie du secret:* (Poèmes) Éd. Garneau. 1965. Épuisé.
*L'Heure intemporelle:* (Poèmes) Éd. Garneau. 1965. Épuisé.
*Les Vallandes:* (Récits et nouvelles) Éd. Garneau. 1966.
*Demain tu n'auras plus un instant:* (Poèmes) Éd. Holt, Rinehart et Winston. 1967.
*La Vénérable Marie-Catherine de St-Augustin:* Éd. Hôtel-Dieu de Québec. 1968.[2]
*Les Amants ne meurent pas:* (Poèmes) Éd. Déom. 1970.
*Un Visage à reconnaître:* (Poèmes) Éd. Garneau. 1973.
*La Machine dans le destin de l'homme:* (Essai sur l'automatisation) Éd. Beauchemin. 1973.
*Le («Club St-Denis»):* (Hors commerce: supervision des Éd. du Jour). Épuisé.
*L'Amnésie des dieux:* (Poèmes) Éd. Garneau. 1975.
*L'Hôtel San Pedro:* (Pièce en trois actes) Éd. Leméac. 1973.
*Maxine:* (Pièce en trois actes) Éd. Leméac. 1974.
*Québec et ses ponts couverts:* Éd. du Monticule, Sutton, Brôme. Ill. de Gilles-E. Gingras. 1976.
*La Magie de l'eau:* (Poèmes) Éd. du Monticule, Sutton, Brôme. Ill. de Gilles-E. Gingras. 1978.
*Le Feu sur la terre:* (Méditations) Éditions Paulines-Médiaspaul. 1985.
*Luminosité:* (Poèmes en prose) Éditions du Monticule. Ill. Gilles-E. Gingras. 1986.

(1) Réédité aux Publications Éclair, 1974. Revu et corrigé par l'auteur.
(2) Traduit en anglais par Marguerite Duchesnay-Mac Donald (Éd. de l'Hôtel-Dieu de Québec).

*Il y a toujours une parcelle de vérité dans une légende tout comme on peut faire d'une légende un fait authentique. Cela dépend de qui peut vous croire.*

E. P.-M.

# Un roi sans cheval[(1)]

Aussi loin que se porte la mémoire, il existait un pays si loin que l'on pouvait se demander si la lune avait jeté ses doux rayons sur ses montagnes — quelque peu semblables aux nôtres —, glissé sur ses lacs, s'insinuant tout près de ses rivages, au cœur de ses vallons, de ses vertes collines sentant la verveine et le romarin. Pays à plusieurs contrées que la géographie traditionnelle ne rapporte pas. Il y avait des fleuves agités, de grandes forêts, des rivières où se noyaient des amantes aux yeux mauves ou mordorés. Il y avait aussi des villes, des bourgs, des hameaux. Il n'y avait jamais de guerre, jamais de haine ni de répression d'aucune sorte. Tous les habitants auraient dû y vivre heureux. Pourtant, le bonheur n'est jamais parfait, fût-il enveloppé d'amour par Dieu Lui-même.

C'était un royaume étrange — il faut le dire —, sur lequel régnait un jeune roi de quarante ans environ. Fils unique d'un souverain disparu depuis plus de vingt ans. Il s'était assis sur le trône royal selon le bon plaisir de sa mère dont la régence avait duré dix-huit ans. Personne ne pouvait dire au palais, et encore moins dans le peuple, si la régente avait vécu, dans ses plus jeunes années, une aventure ou une autre. La plus grande discrétion était de mise quant à sa vie privée. Elle n'avait ni conseiller, ni confesseur : elle priait Dieu !

On ne parlait même pas, mais là, jamais, de Miral, garde du corps, secrétaire et cérémoniaire de la régente, le seul homme qui restait auprès d'elle depuis la mort du roi. On savait qu'il prenait congé, à neuf heures du soir, très exactement. Il rentrait alors dans ses logis à l'extrémité du palais. Il y a quatre ans, on le trouva mort dans l'oratoire de la régente, alors que celle-ci se trouvait dans un pays encore plus lointain. On dépêcha un hérault portant une missive à la régente. Elle ne revint même pas pour assister aux obsèques modestes de cet homme fidèle. Ceci confirma, dans l'esprit de tous, qu'il avait été vraiment son secrétaire et cérémoniaire.

Elle avait bien éduqué son fils. L'instruction du roi était plus que remarquable.

Il était grand, blond, de fière allure, avec des mains frêles tout en étant énergiques, mais elles n'étaient pas des mains de guerrier. Ses yeux dévorants étaient d'un vert Véronèse. Son corps était souple et sain. Il était affable et fort aisé en ses manières. Dans le royaume, on disait de lui : «Il est charmant».

Il avait trouvé tout en place et tout ce qu'il fallait pour rendre son peuple heureux. Il n'avait donc jamais songé à des réformes majeures. Il était devenu conservateur presque naturellement. Nul n'avait songé à le contrarier ou à lui faire du mal. Raimondo (c'était son nom) était bon, honnête, distant avec les hommes, déférent envers les femmes. Il n'était ni joyeux ni morose. Entre ses vingt-cinq et quarante ans, il avait ouvert des écoles (un peu comme Charlemagne), des postes ou cliniques de santé, ce qui ne s'était jamais vu avant lui. Quant à l'administration générale, il s'en remettait à des conseillers sûrs, car il n'avait ni la fermeté ni l'autorité suffisantes pour gouverner ces hommes qui, Dieu seul sait pourquoi, étaient tous honnêtes. C'était justement en cela que le royaume paraissait étrange. Bien sûr, puisqu'il n'y avait pas de malhonnêtes gens, il n'y avait pas non plus de prisons. Si quelqu'un avait quelque chose à se reprocher, on l'envoyait directement au roi. Celui-ci n'avait qu'à regarder le «misérable» dans les yeux. Personne ne pouvait soutenir le regard doux mais scrutateur du roi. On le disait comparable à celui de l'Ange Exterminateur.

Le jeune roi n'était pas sportif pour deux sous. Il n'allait jamais à cheval. Il ne participait à aucun jeu violent, ni aux tournois, ni à la chasse. Il passait le plus clair de son temps à la bibliothèque ou dans son oratoire privé. Son chapelain le visitait deux fois sur semaine. Il n'allait à la cathédrale qu'une fois par année, le jour de la saint Raimondo, son patron. Il s'y faisait porter par quatre moines d'un ordre que les gens appelaient tout simplement «les moines».

Mais, tout de même, à quarante ans, le roi aurait dû songer à se marier. Il ne manquait pas de jolies filles dans le royaume. On ne l'a jamais vraiment su, mais Raimondo craignait qu'on lui imposât une femme. Quant à lui, il avait dit à sa mère — qui en gardait le secret — qu'il ne se marierait jamais.

Un jour, un conseiller s'approcha du roi et lui demanda :

— Sire, ne songez-vous pas à votre descendance ?

Le roi répondit :

— Je ne pense qu'à mon ascendance.

Le conseiller le prit pour un mystique quant aux questions de mariage. Il n'en parla plus. Le temps passait. Par quel miracle le pays restait-il si loin, si beau, si prospère sans créer d'ambitions malveillantes à l'intérieur ? Beaucoup auraient cru que c'était à cause de la sainteté du roi. Sa seule conduite servait d'exemple et de motif.

Éprouva-t-il une amitié ou un amour platonique pour Rosalina, la fille du maire du palais ? Tout ce que l'on sait, c'est qu'il se promenait avec elle — peu souvent — dans les jardins peuplés d'arbres aux formes étranges et de plantes odoriférantes. Tous ses gestes et mouvements pouvaient être épiés par des sentinelles à la ronde sempiternelle, de jour et de nuit. On aurait pu dire qu'ils étaient frère et sœur, se faisant d'innocentes confidences. Pour sa part, Rosalina priait le Seigneur de lui donner cet homme qu'elle aurait, selon les pensées de son cœur, trouver le moyen de rendre plus heureux. Mais comment pouvait-elle deviner s'il l'était ou non ? Ce n'était pas dans les desseins de Dieu. La jeune Rosalina, bien que fort belle et très élégante, n'était pas de haute noblesse et le cœur du roi ne battait pas pour elle.

Aucun prophète n'avait pressenti le drame qui allait bientôt éclater. Un jour, le roi rentra d'une promenade solitaire. Il paraissait très faible, mais ne ressentait aucune douleur physique. Il pria sa mère, déjà âgée, de venir rapidement auprès de lui. Elle n'arriva que pour recueillir son dernier soupir. On parla d'empoisonnement. Mais pour quelle raison et par qui? Une longue tradition interdisait de pratiquer une autopsie sur la dépouille d'un roi.

On lui fit des obsèques royales. Le cercueil était recouvert d'une housse sur laquelle on pouvait lire, en lettres d'or, la devise du roi: «Franc à faire franc».

On avait placé le cercueil de ce roi pacifique sur un affût de canon. Erreur ou bêtise?

Toute la population était là. Les femmes pleuraient et les hommes inclinaient la tête en se découvrant. Tout à coup, un mouflet lança à son grand-père:

— Papi! Pourquoi y a-t-il un palefrenier tirant un grand cheval blanc avec des bottes «posées à l'envers» dans les étriers? Le roi n'a jamais monté à cheval de sa vie!

Le grand-père répondit sans même se retourner:

— Parce qu'un roi sans cheval, ça n'existe pas!

---

(1) Adélina Davarro, ma cousine de Notre-Dame d'Issoudun, m'a raconté l'histoire étrange d'un cheval sauvage qui traversait la prairie, au printemps, et revenait aux premiers jours de l'automne avec un air de deuil. Était-ce le cheval de ce roi mort à quarante ans?

# Lodoïsca

Dans un petit bourg alors appelé rang Saint-Ange, à Champigny, non loin de Québec, on trouve une fontaine plutôt originale. Le socle est fait de pierres rouges assez rares et le bassin, ovale, de faïence verte.

Bien qu'il n'y ait plus d'eau depuis fort longtemps, un passereau se tient sur le rebord et semble devoir prendre son vol. Il ne le peut pas parce que ses petites pattes sont retenues entre deux carreaux de faïence. Si on veut bien le regarder de plus près, on se rend compte que l'oiseau est un joli bijou de céramique.

Souvent, par un après-midi ensoleillé, il y a un petit garçon tout frêle et tout blond se tenant assis sur l'unique banc de la place grande comme un jeu de dames. Si quelqu'un allait lui demander le pourquoi de l'oiseau, il répondrait :

— C'est le passereau de Lodoïsca !

Pour une pièce de monnaie, il vous racontera l'histoire que voici :

— Lorsque Lodoïsca vint au monde, il y eut beaucoup de joie dans la maison. Son père se nommait Louis et sa mère, Pauline. On n'a jamais su pourquoi ses parents lui avaient donné un prénom si étrange et surtout pas de chez nous. Mais on disait que ce nom s'entendait bien à l'oreille. On ajoutait que cela faisait romantique. Les gens s'habituèrent et voilà tout. Mais vers l'âge de six ans, Lodoïsca cessa de grandir. Elle se développait mentalement, si vous voulez, cependant que son beau petit corps ne progressait plus. On fit venir les plus grands médecins de Québec et de la région. Ceux-ci se consultèrent. Ils parlèrent. Il s'agissait là d'une maladie étrange et extrêmement inusitée. Bien sûr, on n'en connaissait pas le remède. Ce qui est certain, c'est qu'elle ne pouvait ni marcher ni se servir de ses mains. C'était un grand malheur. Louis ne put le supporter. Il partit un jour à travers bois.

Il ne devait jamais revenir. Mais Pauline, elle, se pencha avec plus d'amour et de tendresse sur la pauvre Lodoïsca. N'ayant elle-même que fort peu d'instruction, elle ne put rien lui apprendre. Pauline n'avait que le peu d'argent qu'elle gagnait à se «tirer» les yeux pour commencer et finir des travaux d'aiguille à la maison.

L'enfant exigeait trop de soins pour que sa mère l'abandonnât seule au logis. Lorsque Lodoïsca eut sept ans, une jeune fille du village vint la voir deux ou trois fois la semaine, afin de lui montrer ses lettres, un peu à lire. Surtout, elle lui faisait entendre un peu de musique : cette jeune fille jouait fort bien de l'harmonica. Très intelligente, l'enfant sut lire assez vite, mais elle ne pouvait tourner les pages qu'elle avait lues. La jeune fille le faisait pour elle tandis que Pauline cuisait les repas, blanchissait et repassait, sans négliger ses travaux d'aiguille, le premier et le seul revenu qu'elle avait. Quant à l'enfant, elle ne se plaignait jamais et souriait toujours.

Puis, un jour, la jeune fille ne revint plus à la maison. Elle s'était mariée avec le fils costaud du forgeron. Lodoïsca aimait beaucoup lire : elle dut y renoncer. Mais, d'autre part, sa mère avait économisé, à grand peine, pour acheter un vieux phonographe et quelques disques. C'était encore au temps où l'on devait utiliser des aiguilles très fines. Pauline n'avait pas beaucoup de temps pour tourner les disques. C'est dire que la petite Lodoïsca devait attendre le retour de Pauline pour entendre une autre ritournelle.

Un jour, c'était au commencement de l'été, Pauline ouvrit la fenêtre de la chambre de sa fille afin que le soleil y entrât à profusion.

* * *

Le temps avait passé et Lodoïsca avait alors dix-neuf ans mais elle en paraissait à peine neuf ou dix. La jeune fille-enfant avait appris à lire. Pauline venait, de temps à autre, lui tourner les pages. À quelque temps de là, un passereau entra par la fenêtre ouverte et vint se poser sur la petite main de Lodoïsca. Elle aurait bien voulu le pren-

14

dre mais elle ne le pouvait pas. Tout à coup, le passereau sauta à droite, puis à gauche, et enfin, se mit à voltiger autour du lit de la jeune malade. Finalement, il vint se blottir dans son cou dans un geste que l'on aurait pris pour de l'amitié. Puis, comme s'il avait compris quelque chose, il tourna, avec son petit bec, la page que Lodoïsca avait lue. Ce manège dura tout l'été. Pauline n'y comprenait rien du tout et n'en parlait à personne. Puis, un soir, apportant le dîner de la petite malade, elle la trouva morte. Mais on aurait pu jurer qu'elle dormait. Aucune torsion, aucun rictus des lèvres. Un sourire tranquille et définitif. L'oiseau revenait tous les soirs et se tenait à la fenêtre.

* * *

Soudain, l'automne arriva en rafales. Puis, l'hiver tout de suite après. Et savez-vous une chose? Le passereau revint et se posa sur le rebord de la fenêtre. Cette nuit-là fut glaciale. Le lendemain, Pauline le trouva gelé, car ses petites pattes étaient demeurées prisonnières du givre.

Plus tard, l'histoire fut connue parce que Pauline en causa avec le médecin qui l'assistait à sa dernière maladie. C'est alors que les gens de Saint-Ange construisirent la fontaine et un céramiste offrit le passereau.

Si l'on demande au petit garçon tout frêle et tout blond si l'histoire de Lodoïsca est vraie, il répondra :

— Les gens qui vivaient ici s'en sont allés ailleurs depuis si longtemps... pour ma part, je la crois. Mais je ne souhaite pas de malheur à ceux qui ne la croient pas.

# Sousanine[1]

À cinquante et un ans, Sousanine, pianiste de réputation internationale, était las de ses succès, des femmes dont il ne s'était pourtant pas privé, de ses amis qu'il connaissait mieux que ceux-ci pouvaient le soupçonner, des hommes dont le meilleur était le pire, selon lui, enfin des sonates, des symphonies et autres oeuvres qui avaient fait fureur pendant plusieurs années. Il avait aussi quitté l'enseignement parce qu'il se rendait compte que les jeunes élèves ne recherchaient que le succès facile et surtout rapide.

Grand, élancé, les cheveux à peine grisonnants, de fort belle allure, poli et racé, toujours adulé, il sentait peser sur lui le poids de la vie. Ses yeux pers fixaient d'un regard sombre la dernière bûche se consumant dans la cheminée. Blasé de tout autant que de lui-même, il avait décidé de s'enlever la vie mais en beauté. Pourquoi pas un accident de voiture? Sa maison était presque au sommet d'une montagne. N'importe qui croirait à un accident de la route. C'était clair. Il prit la peine de vérifier son testament. Il laissait tout aux Petits Frères de Charles de Foucauld dont il avait souvent entendu parler par son grand-père. De la pensée à l'action, il n'y avait qu'un pas. Il le fit. Il monta dans sa voiture et se lança comme un fou sur la route fort inclinée et sinueuse entre Neuville et Marmentel. Grisé par la vitesse, il fonçait droit devant lui comptant bien rater un virage dangereux et s'écraser dans un ravin. Cependant, à chaque fois, la voiture tenait le coup. En même temps, il croyait entendre le rire éclatant d'une femme. Ce rire venait du côté droit. Il n'y avait personne. Sousanine crut qu'il allait devenir fou. Cette solution lui paraissait pire que la première.

Soudain, il décide de se rendre chez un ami dont il avait tout d'abord refusé l'invitation. Son hôte avait pourtant écrit de sa main : *il y aura de jolies femmes!*

17

En arrivant sur les lieux, Sousanine demanda à un domestique de garer sa voiture. Puis, il fit le tour du jardin et entra dans le salon où l'on entendait des conversations aussi vides qu'un tonneau sans vin.

Il porta son regard sur une très jolie femme qui paraissait aussi noble que mystérieuse. C'était la première fois qu'il la voyait chez son ami, le manufacturier d'Auteuil, à Neuville.

Il lui semblait que cette personne attendait qu'on lui offrît du feu pour allumer sa cigarette. Sousanine s'approcha et fit claquer son briquet doré. C'est alors que la jeune femme le remercia en ajoutant d'une voix moqueuse:

— Vous alliez bien vite, tout à l'heure, sur la route!

Sousanine la regarda droit dans les yeux et comme il croyait la reconnaître, elle se mit à sourire gentiment.

— Oui, Sousanine, c'est bien moi! Je suis la Mort! Il m'arrive parfois de me déguiser. Les gens ont peur de moi. Pourtant je ne veux de mal à personne. Une chose à laquelle je ne déroge jamais, c'est l'heure. Ici, Sousanine, il n'y a que vous qui me voyez. Personne d'autre.

Abasourdi et n'osant pas avouer qu'il était heureux de la rencontrer enfin, Sousanine lui offrit de danser, car l'orchestre venait d'attaquer une vieille mélodie connue.

Tout en dansant, Sousanine pressait sa compagne, l'approchant tout près de lui. Elle souriait doucement mais résistait bien. Sousanine se hasarda à vouloir l'embrasser. Elle finit par lui dire:

— Mais non, cher ami, mais non! Vous savez bien que le baiser de la Mort c'est la mort!

— Je vous cherche et vous désire depuis longtemps, reprit Sousanine.

— Il ne faut jamais me chercher, sourit la plus ravissante femme de cette soirée, car je viens toujours à mon heure. Dans la voiture, sur la route, je riais à chaque virage. C'est moi qui vous empêchais de déraper.

— Vous êtes là, ce soir, donc vous venez pour quelqu'un, s'étonna Sousanine!

— Pour Andrée Muréna, la trop jeune femme de votre hôte.

— C'est injuste, s'écria Sousanine, en élevant un peu le ton. Pourquoi pas moi? La vie ne m'intéresse plus. Je n'attends plus rien d'elle.

— Je sais tout cela, reprit la Mort en fixant les yeux pers de Sousanine. Mais la vie attend quelque chose de vous.

— Je me demande bien quoi, répliqua-t-il, en haussant les épaules.

— Le temps de payer ou plutôt de combler le vide de votre vie. Certes, vous êtes célèbre et riche, mais avez-vous déjà fait le bonheur de quelqu'un? C'est votre dernière chance, Sousanine. Ne la manquez surtout pas.

* * *

Soudain le drame! Il éclata comme l'éclair! Andrée Muréna porta la main gauche à son coeur. Elle laissa tomber le verre qu'elle tenait encore dans sa main droite. Elle s'écroula sur le parquet. Elle n'avait que trente-huit ans! Elle était morte!

Se dirigeant vers la porte de sortie, la Mort regarda longuement Sousanine et lui dit:

— Je reviendrai.

— Quand? supplia l'artiste.

— Je serai là à temps! Mais quand je reviendrai, vous serez déjà trop vieux pour ajouter une once d'intérêt à votre vie et trop jeune pour mourir glorieux.

Et c'est ainsi que François Sousanine devint le premier homme que la Mort fit attendre.

---

(1) Né à Saint-Pétersbourg, arrivé au Québec en 1909

# Florin joyeux

Une mauvaise habitude peut-elle devenir un empêchement au mariage? Quelle question! Seul, je ne l'aurais pas cru. Pourtant, le fait est bien connu à Champigny, à quelques kilomètres de Québec. Les gens en ont parlé de générations en générations jusqu'à maintenant.

Florin Lacourse hérita de son oncle — frère de sa mère — à la condition de se marier dans le cours de l'année qui suivrait le décès de l'oncle Clément dit le Bourguignon. C'était chose dite et écrite. Florin préférait l'argent, son bien-être, ses plaisirs et la sécurité plutôt qu'un mariage qui le forcerait à partager le bien que l'oncle lui laissait. La somme était rondelette. Pourtant, le délai était fixé. En moins de deux, Florin embaucha des ouvriers à la ferme tandis qu'il s'amusait dans la ville voisine. La soeur de Florin qui, selon une clause du testament, recevrait tous les biens si Florin n'était pas marié à la Noël, approuvait les frasques et les folies hasardeuses de son frère. Elle savait qu'il avait le mariage en sainte horreur. Elle savait aussi qu'il ferait tout pour l'éviter. Normalement, pensait-elle, le magot lui reviendrait d'ici peu de mois. Elle avait compté sans la ruse de Lysanne Marquis. Elle était la première dans le coeur de Florin. Pour son bonheur intime, Lysanne savait que le testament forcerait Florin à l'épouser. Elle en rêvait toutes les nuits. D'autre part, elle savait également que Florin n'était pas au mieux avec sa soeur. Il lui paraissait tout naturel qu'il demanderait sa main d'ici peu de temps. Ce n'est pas tout ce qu'elle savait. Elle connaissait l'avidité de la soeur qui n'avait d'égale que sa jalousie.

Lysanne, un beau jour, trouva Florin couché sur un tas de foin dans la grange. Elle avait presque réussi à le reconduire chez lui. Mais Florin était tellement ivre qu'elle dut y renoncer. Parfois, en lui parlant doucement, lui faisant bien voir que sa soeur hériterait de tout à la Noël,

Florin consentait de la tête. Mais, dans la nuit, il trinquait. Si bien que rendu au pied de l'autel, le curé dit à Lysanne :

— Je ne peux pas vous marier, il ne sait pas ce qu'il fait.

— Quand il est à jeûn, il ne veut jamais venir, soupirait la jeune fille.

— Tâche de le convaincre, Lysanne, sans quoi c'est peine perdue.

La Noël fut bientôt là sans que Florin n'eût encore consenti à prendre femme. La soeur se présenta triomphante chez le notaire.

Celui-ci déclara qu'il était prêt à lire le testament mais à la condition que Florin fût là, sur pied, et surtout à jeûn. De plus, il exigeait la présence d'un témoin.

\* \* \*

Pâques vint et la Trinité aussi. Florin ne dessoûlait pas. La soeur s'impatientait. Elle poursuivait le notaire Toucaze qui répondait inlassablement :

— Florin présent et à jeûn, mademoiselle. C'est la Loi!

Le sort allait s'en mêler. Florin tomba malade et dut prendre le lit. Ordonnance du médecin : plus d'alcool pour Florin. Trois mois plus tard, le jeune homme allait mieux. La soeur en profita pour réclamer, une fois de plus, son droit à l'argent, biens et immeubles. Elle avait même choisi un témoin, un sien cousin éloigné sur lequel elle avait jeté son dévolu.

Me Toucaze se laissa toucher. Il consentit à donner lecture du testament devant ledit témoin. La soeur eut le souffle coupé lorsqu'elle entendit ces mots :

— «Je lègue et donne tous mes biens, argent, meubles et immeubles à mon neveu Florin à la condition qu'il épouse une jeune fille de Champigny un an après mon décès».

— C'est assez clair, déclara la soeur de Florin.

— Ce n'est pas tout, mademoiselle, fit alors le notaire Toucaze.

— Il y a autre chose? fit-elle, serrant les dents. Peut-on savoir?

— À l'instant, mademoiselle, reprit le notaire. Je continue. «Si Florin ne trouve pas femme en cette période de temps, sa soeur Armandine administrera les biens mais sera tenue, sous peine de révocation par l'assemblée de la famille, de verser mille dollars par mois à mon neveu Florin que j'aime comme un fils, et cela, jusqu'au décès dudit Florin qui fut la seule vraie joie de ma vie.» C'est écrit!

Insouciant, Florin continua de préférer la belle vie au mariage. Il cessa de boire et put vivre jusqu'à quatre-vingt-trois ans, enterrant soeur, notaire et même Lysanne.

# Trop de talent

Dans une vieille abbaye de Prémontrés, à Rougement, non loin des jardins de mon enfance, l'Abbé prenait beaucoup d'âge. Il se demandait, avec inquiétude, qui prendrait la relève. Depuis que les évêques vont à la retraite à soixante-quinze ans, il y avait songé sérieusement. La moyenne d'âge de ses moines dépassait la soixantaine. Sur qui jeter les yeux? Plusieurs de ces ascètes auraient pu, à la rigueur, le remplacer. Cependant, sur un nombre total de trente-deux prêtres et quelques frères convers, au moins douze étaient atteints d'une maladie plus ou moins grave. La plupart des autres dépassaient soixante-dix ans. Deux ou trois, en bonne santé, n'étaient pas faits pour pareille tâche.

Un seul nom paraissait logique aux yeux du Père Abbé. C'était celui du jeune Père Yvan. Intelligent, vif, débrouillard, prêcheur de grande classe, exégète émérite, administrateur, etc. En fallait-il vraiment plus? Pourtant, le Père Yvan était d'une suffisance invraisemblable, imbu de sa science et fort orgueilleux de ses maîtrises et doctorats, bien que ceux-ci fussent largement mérités.

Amant de la nature et des bêtes, il rêvait bien souvent. C'était beaucoup plus que de la contemplation. Le Père Abbé, qui s'évertuait à le comprendre, l'avait autorisé à posséder un chien qui le suivait partout lorsqu'il prenait le sentier des sous-bois en écoutant de toute son âme le chant des oiseaux qui folâtraient autour de lui. Le Père Yvan revenait toujours de ses promenades avec quelques kyries ou motets tout à fait harmonieux, car il était aussi musicien. On le consultait aussi avant de prendre quelque décision importante sur le cas d'un moine devant être hospitalisé. Le Père Yvan n'avait-il pas fait quatre années de médecine avant de choisir la bure? Le Père Abbé, qui le portait dans son coeur, malgré ce défaut irréconciliable avec la vie monastique, avait décidé de visiter l'anachorète vivant seul dans la montagne depuis plus de vingt ans et dont la réputation de sage et de vertueux s'étendait jusqu'à la plaine ainsi que dans tous les hameaux des alentours.

* * *

Le Père Abbé se fit alpiniste pour rejoindre «l'homme sage de la montagne». C'est le nom que les gens donnaient au vieil ermite. Après trois jours de jeûne et de prières, l'anachorète donna sa bénédiction au Père Abbé en lui disant :

— Votre Père Yvan, abreuvez-le d'éloges, gavez-le d'honneurs compatibles avec votre règle, honneurs qu'il croira mérités, voire nommez-le Prieur.

— À vingt-huit ans ? s'écria l'Abbé.

Le vieux sage le rassura en affirmant que c'était là le seul moyen de guérir le Père Yvan de sa suffisance et, par la même voie, d'assurer peut-être son salut éternel.

* * *

De retour à l'abbaye, le Père Abbé fit mander le jeune Yvan et le pria d'accepter la charge de sous-prieur. Selon l'Abbé, lui seul pouvait, à ce moment-là, remplir le mandat. Au fur et à mesure que passaient les mois, le Père Yvan devenait directeur de la chorale, compositeur émérite de l'Ordre des Prémontrés, professeur de logique et de morale auprès des trop rares recrues de l'abbaye. Finalement, il est Prieur à trente ans. Les directives du Père Abbé étaient suivies à la lettre. Yvan s'entendait féliciter à tout moment de la journée par un moine ou par un autre. Selon eux, il dépassait Abélard en philosophie, Thomas d'Aquin en théologie, Vivaldi en musique et Philippe Néri en la direction de conscience.

Le pauvre Père Yvan — même habitué aux éloges — fut quelque peu étourdi de tant et tant de prévenances. Tous ses succès ne firent que le confirmer dans l'opinion qu'il avait de lui-même. Le vieux sage de la montagne s'était-il trompé ?

Cependant, au bout de quelques mois de ce régime, il s'en lassa à un tel point qu'il supplia le Père Abbé de prendre congé, sans jeter la bure, et d'aller vivre seul dans un ermitage de son choix au plus haut sommet de la montagne. Le Père Abbé ne fut pas tellement surpris de cette étrange supplication qu'il croyait bien provisoire du reste.

Le Père Yvan s'installa à l'autre versant de la montagne afin de réfléchir et méditer et aussi se sanctifier. Ce fut d'ailleurs au grand soulagement des moines qui, pour leur part, étaient très fatigués de manier l'encensoir.

Le Père Yvan avait compté sans son chien fidèle qui depuis longtemps avait compris le manège.

Lorsqu'un voyageur se montrait au bout du sentier conduisant à la hutte, la brave bête aboyait joyeusement et de toutes ses forces comme voulant attirer les gens vers le nouveau saint.

Comme quoi, le Diable ne lâche jamais!

# La chanson de Sébastien

La ronde et rougeaude Eulalie Lanthier avait épousé l'homme de son coeur, un violoniste de profession, espérant en son âme simplette que le bonheur ressemblerait à la musique surgissant comme par magie de ses doigts fragiles. Hélas! Son bonheur fut aussi frêle que la santé de son mari était précaire. Le pauvre et jeune violoniste ne donnait que deux ou trois récitals par année et c'était beaucoup lui demander. Cet effort était tel que Sébastien (c'était son nom) passait ses fins de mois au lit entre deux médecins.

Pâle, doux et affable, presque exsangue et sans cesse mourant, le pauvre musicien savait qu'il ne ferait pas le bonheur de cette fermière robuste. La santé de sa femme était pratiquement une honte pour lui, car elle exigeait plus que des sonates pour contenter sa nature. Un jour, Sébastien se rendit compte que la médecine ne pouvait rien pour le guérir, encore moins pour le sauver. Il pria Eulalie de venir près de lui et d'entendre sa dernière confidence :

— Eulalie, lui dit-il, je ne te laisserai pas seule. Tiens, voici ton héritage, reprit-il, en lui tendant une feuille de papier à musique.

— C'est tout? C'est peu! fit-elle.

— Écoute ma bien-aimée. C'est une chanson. Je l'ai écrite pour toi. Non seulement te consolera-t-elle, mais elle t'apportera la fortune.

— Assez pour acheter le lot que je convoite depuis si longtemps?

— Sans doute, affirma Sébastien. Un éditeur l'achètera et tu feras fortune. Je connais ma musique. Elle fera le tour du monde cette chanson.

— Et aussi la chèvre dont je boirai le lait?

— Peut-être davantage, murmura le mari mourant. Ne change pas le titre, je t'en prie. «La chanson de Sébastien» représente plus que tout ce que j'aurais pu amasser durant une vie plus longue et plus active. Je meurs à vue d'oeil, Eulalie. Mais cette chanson te parlera de moi aussi longtemps que tu me survivras.

\* \* \*

Quelques jours plus tard, Sébastien mourait sans bruit. Il y eut des chants funèbres, des fleurs et des larmes. Il est vrai qu'à vingt-deux ans, on est encore à peine né à la vie. N'eût été de la chanson qu'il avait laissée, Sébastien serait tombé dans le plus sombre oubli.

Ce ne fut que deux ans plus tard que Eulalie décida d'affronter un éditeur de musique à la ville voisine. Coquettement habillée, la jeune veuve, qui ne manquait pas d'aplomb, se présenta chez Kossack et Chamadour. On lui ouvrit la porte. Elle entra. Elle déposa la feuille de papier sur un banc et elle attendit. Un petit vieux se présenta derrière le comptoir. Elle lui tendit alors la feuille que Sébastien lui avait remise et déclara du même souffle :

— C'est à vendre !

Le petit vieux examina d'un coup d'oeil la chanson. Il fit plus. Il se mit au piano et joua cette musique trois ou quatre fois tellement elle lui plaisait. Quelle mélodie ! À mesure qu'il la rejouait, ses yeux devenaient plus tendres en même temps que plus brillants. Emballé, le musicien de circonstance jouait et jouait comme s'il avait bu un élixir de vie. Même d'amour ! Lorsqu'il s'arrêta, des larmes coulaient de ses yeux et arrosaient ses deux mains d'artiste. Se retournant soudain, il dit à la jeune veuve :

— Madame, cette musique fera le tour du monde. C'est écrit pour violon, mais tous les orchestres dignes de ce nom joueront cette musique qui rappelle le plus pur romantisme.

Eulalie, qui n'y connaissait rien, se contenta de sourire. Le petit vieux, flairant une bonne affaire, la regardait par-dessus ses lunettes. Eulalie commençait à trouver le temps long.

— Vous m'en offrez combien ? fit-elle, d'un air ennuyé et assuré en même temps.

— Oh! Cette musique intitulée «La chanson de Sébastien» vaudra beaucoup plus lorsqu'un musicien en renom l'aura fait connaître, chère madame. Mais pour l'instant, je peux vous en offrir six cents dollars. Mais j'y mets une condition. Avec cette feuille de musique vous me cédez les droits d'auteur. J'achète, donc elle est à moi!

* * *

La ronde et rougeaude Eulalie était déjà heureuse. C'était deux fois le prix du lot qu'elle convoitait depuis fort longtemps. Elle eut pourtant l'audace d'exiger cinquante dollars de plus.

Elle n'abandonnait l'idée d'obtenir aussi la chèvre dont elle boirait le lait. Le petit vieux tira deux contrats, un pour Eulalie, l'autre pour la maison Kossack et Chamadour. Se retournant, et pointant la veuve de ses yeux bleus très pâles, il ajouta :

— Nos contrats sont rédigés en bon accord avec la Guilde des musiciens. Autrement dit, il ne surviendra aucun problème.

— Marché conclu, lança Eulalie, toute fière de sa démarche.

Sortant avec l'argent dans son sac à main, elle se disait en elle-même : à moi le petit lot et la chèvre dont je boirai le lait. De son côté, le petit vieux se mit au piano et rejoua la mélodie jusqu'aux petites heures du matin.

* * *

Rentrée chez elle, Eulalie brassa des affaires en toute hâte. Le petit lot et la chèvre furent achetés dès le lendemain. Pour l'instant, cela suffisait à son bonheur. Elle buvait le lait de la chèvre à satiété. Quant au petit lot, elle y fit pousser des fraises et des framboises. Aussi des mûres. Plus tard, de la verveine, des fèves, des radis. Et la vie était belle.

Bien sûr, elle pensait à Sébastien de temps à autre. Elle songeait que si elle possédait tout cela, c'était grâce à la feuille de musique d'un compositeur inconnu. Plus tard, elle ne put s'empêcher de reluquer le fermier

Béchard qui travaillait dans son champ. Certes, il n'était pas beau comme Sébastien, mais il était costaud, hardi, travailleur et honnête. Et par-dessus tout, il était à des lieues de la phtisie. De son côté, le fermier espérait que la jeune veuve serait prise du mal de «l'ennuyance». Cela ne devait pas tellement tarder. Un an à peine après la mort de Sébastien, la ronde et rougeaude Eulalie portait de jolies robes aux couleurs vives et variées. Elle passait plus de temps dans son jardin. Quant à Béchard, il s'acharnait depuis quelques jours à réparer une clôture qui n'avait pas besoin de réparations. Mais il trouvait Eulalie accorte et bien davantage encore. Bien qu'il ne paressait pas, il ne semblait pas avancer son ouvrage. Un jour, Eulalie le trouva plus hardi qu'à l'accoutumée. Il s'approcha d'elle et lui fit le compliment. Elle fit mine de ne pas être touchée par cette politesse, cette sollicitude. Mais quelque chose lui disait qu'elle céderait à ses feux.

Brusquement, les choses prirent une certaine allure. Béchard fit sa demande en mariage. Eulalie semblait s'effaroucher. Le souvenir de Sébastien était encore trop vivace dans son coeur, expliquait-elle. De plus, le temps réglementaire du veuvage n'était pas encore terminé. Béchard se fit tout doux par la suite.

* * *

Se décidant un jour, elle épousa Béchard. Hélas! Ce ne fut pas pour son bonheur. Quelques mois plus tard, Béchard, qui avait su la mater, loua la maison à un étranger, s'empara du lot pour en faire un pacage à cochons. Puis, il se mit à boire dangereusement. D'autre part, la chèvre ne put jamais s'habituer à son nouveau maître. Elle se laissa mourir de faim. Eulalie fut alors prise de panique. Elle se dressa contre Béchard qui l'estampilla comme un timbre sur un mur intérieur de la maison dont le locataire n'avait pas encore emménagé ses meubles.

Eulalie se réfugia chez une tante qu'elle n'avait guère fréquentée jusqu'alors. La bonne vieille de quatre-vingt-deux ans fut heureuse d'avoir sa nièce auprès d'elle. La solitude serait moins difficile à supporter. Ce fut une accalmie pour un temps.

* * *

Un beau jour, Béchard qui s'était énivré à la foire du village, perdit pied le long de la route. On le retrouva mort au fond d'un ravin.

Les gens, à tort ou à raison, peut-être inconsciemment aussi, murmurèrent que la ronde et rougeaude Eulalie apportait le malheur à ses maris. Cette rumeur circula de villages en hameaux. Eulalie avait beau se vêtir de ses plus beaux atours, personne ne la regardait avec un tant soit peu de convoitise dans les yeux. Deux fois déjà, elle avait tenté de quitter son village natal pour la ville, mais elle n'en avait pas eu le courage. Pour tromper son ennui, elle fit l'achat d'un gramophone et des disques à la mode du jour. Elle trouva parmi ceux-ci un air de violon. Elle déclencha le mécanisme de la table tournante.

Quel ne fut pas son étonnement de reconnaître la mélodie de Sébastien. Lorsque le disque s'acheva, elle le prit dans ses mains, le retourna et lut sur l'étiquette : «Le dernier printemps», musique de SEBASTIAN. Et en-dessous, ces simples mots : série L du cinquième million d'exemplaires. Mais vous le savez déjà, elle avait vendu les droits d'auteur à la maison d'édition Kossack et Chamadour.

Quand on est né pour un petit pain...

# L'avertissement

Lorsque mon arrière-grand-mère connut l'abbé Eugène De Croissy, elle croyait qu'il était de la petite noblesse canadienne-française. Il avait passé son enfance et son adolescence à Bienville à quelques kilomètres à peine du collège de Lévis. C'est d'ailleurs là qu'il fit ses études. Brillant élève, il devait poursuivre une carrière ecclésiastique assez tourmentée. Il faut dire qu'il avait reçu le don de la parole. À cette époque, il y avait encore des orateurs sacrés. Ayant remarqué ses dons lors d'une réception dans la salle des prêtres, au collège de Lévis, Mgr l'Évêque lui avait demandé, comme ça, de quitter ses cours et le collège pour terminer la phase d'études séparant le diaconat de la prêtrise, tout près de lui, au Grand Séminaire de Québec.

Il est certain que Mgr l'Évêque avait une bonne raison d'agir ainsi, mais il n'était pas tenu de la donner. En effet, c'était un jeu d'enfant pour lui de déplacer un jeune abbé et de le transplanter ailleurs. Le nouvel endroit n'était ni plus ni moins que l'évêché. Le Chapitre avait eu peu à dire dans le changement. Toutes sortes de rumeurs avaient circulé parmi le clergé abasourdi. Mgr l'Évêque avait tout simplement catapulté l'abbé De Croissy à la procure de l'évêché et en avait fait du même souffle son secrétaire-adjoint. Il n'en fallait pas plus pour fracasser la rosace de la basilique de Québec. Ce qui, naturellement, donna prise à la jalousie.

Cependant, quelques mois plus tard, on s'aperçut que le jeune abbé s'habillait avec plus de recherche et que les homélies de Mgr l'Évêque avait pris le ton d'une rhétorique fort poussée et que les fidèles se pressaient à l'église basilique le dimanche et même aux messes matinales. C'est que Monseigneur avait décidé d'y célébrer et d'y prêcher plus souvent. Les choses en étaient là lorsque l'abbé De Croissy attint sa vingt-troisième année. Il lui aurait fallu attendre une année de plus pour son ordination. Mais Mgr l'Évêque, qui le portait dans son coeur, avait déjà fait les démarches nécessaires pour l'ordonner le jour même de son anniversaire. Le cadeau ne pouvait pas être mieux choisi.

Le jeune abbé De Croissy était le seul ordinand ce jour-là. C'est là que l'on se rendit compte, pour la première fois, que le jeune abbé portait le nom de sa mère. En effet, son père, Me Raoul Schetagne, avocat, se trouvait au tout premier rang avec son épouse, Aline De Croissy.

Ce fait exige une explication. Elle est toute simple. Voyant son fils extrêmement désireux de porter la particule, il avait fait les démarches nécessaires pour obtenir ce que voulait le jeune prêtre. Il avait cédé à ce caprice et obtenu le changement de nom en vertu d'une législation privée. À cette époque, l'on s'en tirait pour quelques centaines de dollars.

Le fait d'être ordonné à vingt-trois ans n'étant pas unique, on ne trouva pas trop paternelle la décision de Mgr l'Évêque, qui se surpassa dans son homélie portant sur l'ordination des apôtres à la Dernière Cène. Mais on ne fut pas sans remarquer les allusions à l'apôtre bien-aimé qui revenaient comme un leitmotiv. On pouvait déceler, même de loin, les sourires à peine retenus des membres du Chapitre.

* * *

Puis, le jeune abbé reprit son travail à la procure de l'évêché. De son côté, Mgr l'Évêque n'était pas sans se rendre compte que les membres du Chapitre jalousaient son nouveau secrétaire. C'était humain. Il n'y avait donc qu'une seule façon d'éviter le malaise qu'il pressentait et qui du reste se frayait un chemin dans les couloirs du Grand et du Petit séminaires. Deux lettres à Rome suffirent pour que l'abbé De Croissy fût élevé à la dignité de chanoine et même secrétaire du Chapitre. Tout le monde en eut la bouche cousue. Le jeune De Croissy savourait son triomphe lorsque Mgr l'Évêque fut emporté par une embolie cérébrale. Ce qui arriva à la suite de sa meilleure homélie à ce jour.

Le nouvel évêque n'eut aucun égard pour le jeune et talentueux chanoine. Il le nomma aumônier des Soeurs Blanches pour s'en débarrasser.

Mais le jeune De Croissy se mit à prêcher, à son tour, dans la chapelle du couvent. Sa réputation ne faisait que grandir. On le sollicitait de partout. Les foules qui se pressaient à la chapelle des religieuses perturbaient l'ordre et même la bienséance. L'Évêque dut changer son fusil d'épaule. Il nomma le jeune De Croissy curé de la toute nouvelle paroisse de Saint-Adéodat.[1]

Très dynamique, dévoué, orateur sans égal, doué d'un charisme peu commun, le jeune chanoine fit progesser toutes les oeuvres paroissiales en ne manquant jamais de prononcer, chaque dimanche, des homélies à l'emporte-pièce. Sa réputation s'étendait à des lieues à la ronde. Les gens venaient de loin et de partout pour l'entendre.

Il avait atteint l'âge de trente ans alors qu'une nuit, en songe, il vit un ange, sous la forme d'un jeune homme entouré de lumière. Cet ange posait l'index de sa main droite sur la bouche comme s'il lui faisait signe de se taire.

Le lendemain matin, le jeune chanoine se rendit compte qu'il avait rêvé. Il se disait en lui-même que les anges ne viennent pas vous dire de vous taire si vous répandez la Bonne Parole. Il oublia la visite inopinée de l'ange et ne cessa de prêcher dans sa paroisse et partout ailleurs d'où les invitations pleuvaient.

Puis, un matin, au réveil — c'était au mois de décembre —, il se rendit compte avec effroi qu'il était devenu bègue.

La nouvelle se répandit comme une traînée de poudre. Humilié, brisé, confondu, écartelé en son âme, le chanoine De Croissy s'en fut trouver l'Évêque pour le prier de le relever de ses fonctions et lui permettre de se retirer à l'Abbaye cistercienne de Mistassini. Ce qui lui fut accordé. Ce récit, tout authentique qu'il soit, fut alors perçu comme une simple légende. C'est de ma mère que j'ai appris que le jeune De Croissy s'était sanctifié dans le silence.

---

(1) Fils de saint Augustin.

# L'ermite herboriste

Dans le vieux rang Saint-Gérard, tout près de Champigny, il y a de cela bien longtemps, un vieil ermite avait découvert un remède efficace guérissant le cancer. Personne ne voudra le croire, mais j'avais l'âge d'aller à l'école lorsque je l'ai connu. Il habitait une sorte de hutte dans laquelle il y aurait eu plus de place pour les oiseaux que pour lui.

De quoi était fait ledit remède? On ne le savait pas! Mais il était certain qu'il avait guéri une femme souffrant de leucémie, un jeune homme atteint d'une maladie de gorge incurable. Plusieurs autres étaient venus de loin pour rencontrer le vieil ermite et peut-être pour repartir guéris.

La Faculté de Médecine s'intéressa quelque peu au cas, mais comme le remède en question était composé de diverses herbes poussant dans la région et que n'importe quel laboratoire aurait pu analyser fort aisément ledit amalgame, le danger ne paraissait pas très grand pour la population. On fit, du reste, analyser, expertiser, ces «herbes magiques». Personne, ni chimiste, ni biochimiste, ni clinicien, ni pharmacien, ni pathologiste, ni savant ne put découvrir quoi que ce soit de nocif dans ces plantes médicinales dont le secret était connu de l'ermite seul. On ne pouvait donc le traduire en justice. La Faculté avait fini par se dire que le bonhomme semait à pleines mains de l'espoir puisqu'il ne vendait pas les «herbes guérissantes».

* * *

Une telle chose ne pouvait demeurer longtemps inconnue. Les rumeurs, puis les nouvelles allèrent bon train. Tous les médias s'en emparèrent. On voulut forcer l'ermite à livrer son secret. Il disait tout simplement:

— Il y a plus de malades que les champs qui m'entourent ne peuvent contenir de plantes. Je n'ai jamais dit que je guérissais le cancer. Ce sont des personnes guéries qui sont revenues et m'en ont parlé par la suite.

Mais la police n'y pouvait rien. La Loi n'est pas aussi restrictive qu'on pourrait le croire dans ce domaine «paramédical». L'ermite ne faisait aucune publicité. D'ailleurs, il était pauvre. C'est une sorte de courant qui attirait les gens vers lui.

Un évêque étranger n'avait pas craint de lui témoigner sa reconnaissance en lui faisant tenir une photographie autographiée. Puis, un jour, l'ermite mourut seul dans sa hutte trouée de partout. La Faculté de Médecine intervint, non sans raison, car elle était désireuse de savoir quelle maladie avait emporté le vieil homme. On découvrit un cancer des os.

* * *

L'ermite entra tout droit dans le Royaume du Seigneur, qui vint à sa rencontre avec la généreuse intention de lui offrir une place de choix. C'était tout à côté des grands prophètes et des Docteurs de l'Église. Étonné de cette faveur particulière, Pierre, toujours brusque, dit au Seigneur :

— N'est-ce pas du favoritisme? Il n'a fait que guérir des gens avec des herbes fines dont la propriété était justement de guérir le cancer?

Le Maître regarda Pierre et lui dit gentiment avec un sourire un peu ironique :

— Ce n'est pas pour cela que je lui donne cette place. C'est plutôt parce qu'il était en mesure de se guérir lui-même, mais il a préféré guérir les autres.

Et comme Pierre sait — depuis le chant du coq — que le Maître a toujours raison, il alla bien volontiers embrasser l'ermite herboriste.

# La bleue

Je n'étais encore qu'un mouflet lorsque ma tante Angéline me raconta l'histoire d'un renard obéissant et généreux. Je m'étais intéressé très fort à ce que — bien entendu — j'appelai plus tard une légende. Pourtant, j'avais lu et récité à l'école cette fable du sieur de La Fontaine «Le corbeau et le renard» et qui ne fait pas du renard un animal bien généreux. C'est pourquoi, me rappelant quelques souvenirs d'autrefois, j'ai fini par croire que la tante Angéline avait vu ou connu cet animal exemplaire et unique. Du moins, à cette époque lointaine. Voici les faits! J'ai offert des excuses posthumes à ma tante, car j'ai dû abréger son histoire.

Dans le rang des Étrières, entre Champigny et Cap Rouge, vivait un fermier portant le nom d'Absalon Matte. Il ne cultivait que le tiers de ses terres. Il possédait d'autres lots dont il négligeait la culture. Il n'était pourtant pas paresseux, mais il se contentait de vivre de ce qu'il produisait. Était-ce par esprit d'économie ou par excès de sagesse? On ne l'a jamais trop su! Il élevait des poules — des milliers — si j'en crois la tante Angéline, et il s'en occupait comme de la prunelle de ses yeux. Motif: il désirait les bien engraisser et les vendre au marché voisin, car il y avait pénurie de volaille à ce moment-là, sans compter le prix des oeufs. Absalon Matte vivait donc très bien. C'était une société normale qui consommait normalement à cette époque. Cependant, les choses allaient se gâter.

Un beau jour, le fermier trouva dix poules égorgées dont les plumes toutes sanglantes jonchaient l'entrée du poulailler. Il lui parut évident que c'était là l'oeuvre d'un renard. Personne n'avait vu pareil animal dans la région avant cette histoire de «meurtre collectif»... dans la basse-cour de ce fermier. D'où pouvait-il bien venir, cet animal? N'avait-il pas des congénères quelque part? Était-ce un jeune ou un vieux renard? Absalon dut réfléchir un peu lorsque son fils lui demanda si un vieux renard était plus renard qu'un jeune renard?

Il ramassa vivement dans son esprit toute la sagesse dont il disposait et répondit au gamin:

— Non, vois-tu, un vieux renard n'est pas plus renard qu'un jeune renard, mais cela fait plus longtemps qu'il est renard!

* * *

La preuve fut établie lorsque le fermier constata que le renard massacrait ses poules malgré la présence de deux chiens, des bergers allemands, qu'il s'était procuré pour contrer les méfaits du renard. Peine perdue! Le renard semblait «endormir» les chiens, si l'on peut s'exprimer ainsi, et tuait les poules pour le plaisir de les tuer et non pas toujours pour satisfaire son appétit.

C'est à ce moment-là que le fermier fit la connaissance d'une sorte d'anachorète des temps passés. Ce fut à l'orée d'une forêt, que les gens des Étrières avaient surnommée la «Blue», pour la bonne raison qu'elle était fournie à craquer de beaux sapins d'un bleu étrange.

L'anachorète, que l'on appelait aussi «l'homme du silence», car il ne parlait à personne, promit qu'il parlerait au renard. Absalon Matte, fort perplexe, retourna chez lui. Longeant les haies de sa propriété et marchant lentement, il se disait en lui-même:

— Le pauvre homme est un peu bizarre, mais il ne saurait faire pire que mes chiens qui ne peuvent même pas attraper un mulot.

N'affirmons rien si nous voulons vivre logiquement. Mais on ne revit plus jamais de renard dans la région. Non plus que l'anachorète. De bouche à oreille la rumeur a couru que le vieil homme avait réédité le miracle du loup de Gubbio.[1] Mais, cette fois, ce fut pour la plus grande peur du renard de la «Blue» dans le rang des Étrières.

Vous croirez ce que vous voudrez. Je préfère croire ma tante Angéline qui disait sept chapelets par jour aux fins de conjurer les sept péchés capitaux.

---

[1] On sait que le «Porerello» d'Assise débarrassa la région de Gubbio d'un loup vorace et cruel.

# La rose éternelle

Un hobereau portant le nom de François Le Duc (mais c'était, à la vérité, Leduc tout court) pesait lourd sur les gens qui vivaient sur ses terres entre Saint-Augustin de Portneuf et Neuville. Il ne s'était jamais marié pour ne pas avoir à partager ses biens avec quiconque. Personne ne savait s'il avait même fait rédiger un testament pardevant notaire. Il devait se dire que le tout irait au gouvernement après sa mort.

Cependant, ce hobereau dur et cruel avait au coeur, bien que ce fût invisible à tous, un amour! Oui, dans le jardin longeant son immense domaine, il y avait une rose. Il avait interdit à son jardinier de s'occuper de cette rose. Elle était à lui seul. Il s'occuperait de la tenir toute fraîche et toute belle. Cette rose le séduisait. Bref, il l'aimait.

Un jour, le jardinier vint lui apprendre qu'un garçonnet venait de casser la tige. Le pauvre homme tenait piteusement la rose dans sa main. Le hobereau fit venir l'enfant auprès de lui:

— Pourquoi as-tu brisé ma rose? Elle est à moi et c'est la seule que je possède.

L'enfant répondit:

— Cette rose est dans la nature et la nature appartient à tout le monde.

— C'est moi qui l'ai plantée et soignée. Je l'ai entourée de mes soins et de ceux des plus grands horticulteurs du pays. J'avais aussi des botanistes à mon emploi. C'est par tous ces soins qu'elle pouvait renaître toujours belle et toujours merveilleuse à chaque printemps.

— Et le soleil et la pluie, ce sont les botanistes qui te les ont donnés? dit l'enfant.

— La question n'est pas là, hurla le hobereau, jetant un regard méchant sur le petit garçon toujours serein et rieur. Tu as brisé la seule chose que j'aime au monde.

— C'est vrai, reprit l'enfant sans s'émouvoir. Mais les pauvres, les malades, les infirmes, ceux qui ne mangent pas à leur faim, les vieillards, les démunis, on dirait que cela ne te préoccupe guère.

— Je veux ma rose! C'est tout ce que je veux! Il faut que tu me la rendes!

— Oui, reprit l'enfant, mais à une condition.

— Laquelle? interrogea François Le Duc, presque suppliant.

— Tu vas te mettre à genoux et embrasser la tige jusqu'à dix fois.

— Pourquoi dix fois?

— Parce qu'elle refleurit depuis dix ans, affirma le petit garçon.

Le hobereau se mit en colère, menaça de poursuivre les parents de l'enfant qui ne bronchait toujours pas.

— Et si je refuse de me mettre à genoux?

— Alors, finie la rose! Si je le veux, elle ne refleurira jamais!

— Et si je fais ce que tu dis? soupira Le Duc.

— Alors là, non seulement elle refleurira mais elle ne mourra pas l'hiver! Elle sera l'admiration de tous dans ton jardin!

— Tu peux faire cela! pleurait Le Duc.

— Oui, je le peux!

* * *

François reprit son vrai nom de Leduc après avoir embrassé la tige plus de vingt fois. Il se releva pour remercier le petit garçon, mais il n'était plus là! Il interrogea le jardinier. Celui-ci était occupé à autre chose au moment de la conversation. Il n'avait rien entendu ni vu l'enfant après que la rose eût repris son éblouissante beauté. François fit une enquête. Il lança même des gens à la recherche de l'enfant. Peine perdue! Il recevait partout la même réponse :

— Vous savez bien, monsieur Le Duc, que personne n'a le droit d'entrer sur votre propriété. Alors, comment cet enfant dont vous parlez...

Peu à peu, François Leduc ne fut plus le même. Il fit bâtir une clinique, une école, un centre de réhabilitation, des maisons de repos pour les gens âgés. Il observa toutes les lois qu'il avait quelque peu malmenées jusque-là. Il dépensait tout l'argent qu'il avait, et il en avait beaucoup, pour créer un peu de bonheur autour de lui. Il mourut à quatre-vingt-huit ans ne laissant que sa rose comme tout héritage.

Longtemps plus tard, le ministère de l'Éducation organisa un concours littéraire dans la région et dans toutes les écoles. Ce fut un enfant de huit ans qui reçut le prix du concours. Il avait intitulé son petit ouvrage : «La rose éternelle».

# Esteban et le Diable

Je n'ai pas voulu entendre le curé Denoncourt, de Bel-Air, lorsqu'il rappela à un auditoire de croyants le récit peu banal du jeune Esteban, un adolescent qui en vint aux prises avec le Diable lui-même, au bout de ce rang — en forme de Z — dont la pointe sud touche au village de Saint-Gérard, à deux kilomètres de l'Ancienne-Lorette. Monsieur l'abbé Denoncourt venait d'y célébrer sa première messe. Il avait été nommé, un mois plus tôt, par le cardinal Louis-Nazaire Bégin, archevêque de Québec. Je ne peux pas ne pas m'en souvenir, car c'est à ce moment-là que j'ai connu mes premières amours, la jolie Anne-Marie Gazarelli, qui n'était pas plus Italienne que je suis Tchécoslovaque. Si elle avait du sang italien dans les veines, cela ne se traduisait pas dans son tempérament. C'est par un pur hasard que je l'ai rencontrée dans une savane où l'on cueillait des bleuets le dimanche après-midi. Anne-Marie avait une longue chevelure semi-roux, des yeux mordorés — à la perte de son âme, disaient les vieilles du bourg voisin. Anne-Marie possédait le don de plaire et elle le savait. Son corps sculptural captait l'oeil du plus paisible habitant de ce hameau. Je peux ajouter que sa mère passait le plus clair de son temps à repousser les garçons qui tournaient autour d'elle. J'étais de ceux-là.

* * *

Permettez-moi cette digression mais il ne s'agit pas d'Anne-Marie Gazarelli dans cette légende qui m'avait alors bouleversé. Je n'avais pas encore dix-huit ans. C'est plutôt l'histoire étrange du jeune Esteban qui suivait, comme on le dit, le cours de catéchisme (aujourd'hui catéchèse) de l'abbé Denoncourt, celui que l'on nommait déjà le «bon monsieur de Bel-Air». D'ailleurs, il avait pris pour modèle Jean-Marie-Baptiste Vianney, curé d'Ars, canonisé depuis 1925.

45

Solidement bâti, rude pour son corps, il n'arrivait cependant pas à perdre son embonpoint. Des gens mal intentionnés répétaient qu'il ne suivait pas la diète alimentaire du bon curé d'Ars, son héros spirituel. Par ailleurs, nous savons que la sainteté n'a rien à voir avec l'embonpoint. À ne pas s'y tromper, saint Thomas d'Aquin était un poids lourd.

Cependant, là où le curé Denoncourt rejoignait son modèle, c'était dans l'enseignement du catéchisme. Il y trouvait d'ailleurs une certaine consolation puisque ses élèves étaient forts en cette matière dès avant leur entrée au collège.

Mais si cela réjouissait le coeur du curé, il n'en était pas de même pour le Diable. Mais là, pas du tout! Selon l'axiome bien connu qu'il est plus aisé de manipuler des ignorants que des gens instruits, le Prince des Ténèbres prenait ombrage des succès du curé. Il se mit à lui en vouloir en diable, c'est le cas de le dire. Mais il lui fallait un complice, car les moyens employés contre le curé d'Ars n'auraient pas donné les mêmes résultats, parce qu'ils étaient trop connus.

Déchu, mais ange quand même, il imagina de se métamorphoser en chevreuil parlant. Il fit le guet à la lisière du bois par où devait passer le jeune Esteban au retour de sa leçon de catéchisme. Il lui barra la route au tournant d'un sentier. Esteban n'avait pas peur des bêtes. Étonné de voir un chevreuil à cet endroit et surtout hors saison (le Diable ne saurait tout prévoir), Esteban lui parla doucement mais sans le toucher. Le chevreuil répondit :

— Je t'attendais, Esteban! J'ai à te parler!

— À quel propos? interrogea l'adolescent.

— Je voudrais que tu conduises le curé Denoncourt ici. Je sais que tu peux en trouver le prétexte.

— Mais que feras-tu quand le curé sera là? insista Esteban qui commençait à trouver les choses fort peu normales.

— Je le tuerai, car il dérange mes plans avec son catéchisme et ses sermons.

Esteban, qui était le plus intelligent des garçons de Bel-Air, sentit une étrange angoisse l'envahir tout entier en écoutant le noir dessein du chevreuil parlant. Il demanda pourtant :

— Que gagnerais-je en retour ?

— Je peux t'offrir le succès et la fortune.

— Toi, un chevreuil, même parlant, tu pourrais m'offrir la fortune ! s'étonna l'enfant.

— Je puis être chevreuil comme je puis être serpent.

— Alors, tu es le Diable ! s'écria Esteban. C'est bien sous la forme d'un serpent que tu as trompé Ève, la mère des vivants. Quand même, je vais conclure un marché avec toi.

— Tout marché m'intéresse, répliqua le chevreuil pris à découvert.

Esteban ramassa tout son courage et lui dit :

— Je t'amènerai le curé à la condition que tu récites un «Je vous salue Marie» séance tenante.

Esteban entendit un grognement qui n'était pas celui d'un chevreuil. Puis, il sentit claquer sur sa joue droite une gifle qui aurait pu tuer un boeuf. Lorsqu'il revint à Bel-Air, il s'aperçut que tout le monde le dévisageait de bien curieuse façon. Une fois chez lui, dans la maison, il se regarda dans une glace et se rendit compte que cinq doigts d'une main droite[1] étaient estampillés sur sa joue du même côté. Lorsqu'il se présenta au cours de catéchisme, il n'osa raconter à personne cette vilaine aventure. Il avait peur de passer pour un satané menteur. Tous l'en pressaient pourtant. Esteban baissait les yeux et ne disait rien. Après le cours, le curé voulut en savoir plus long. Esteban lui raconta, avec le plus de modestie possible, ce qui lui était arrivé.

— Pauvre enfant, murmura monsieur Denoncourt. Il n'ose pas s'attaquer à moi, le monstre ! Il se venge sur un enfant !

D'autre part, le curé ne voulait pas penser qu'il avait quelque chose en commun avec le saint curé d'Ars. Mais lorsqu'il mourut à peu de temps de là — et d'une façon très prématurée — Esteban portait toujours la marque des cinq doigts du Diable sur sa joue droite.

Quelques années plus tard, dix environ, en lisant un journal de Québec, je vis qu'on allait ordonner Père Esteban dans l'église des Carmes non loin de Nicolet. Envahi par une curiosité bien légitime autant qu'irrésistible, je m'y suis rendu quatre jours plus tard. Je demandai à voir le Père Esteban. Lorsqu'il se présenta au parloir froid et dénudé de ce que l'on appelait «la petite abbaye», j'eus un peu de mal à le reconnaître. Je lui appris que j'étais originaire de Bel-Air comme lui et que je connaissais l'histoire de la fameuse gifle ineffaçable sur sa joue droite. Il se mit à sourire gentiment et m'assura que ladite marque avait disparu le jour même de son ordination.

— C'est à peine croyable! lui dis-je.

— Remarquez, reprit-il, que j'ai beaucoup de mal à y croire moi-même.

Je suis reparti perplexe et un doute a longtemps subsisté en moi. Mais ce doute ne me troublait pas autant que d'autres, plus aigus, que j'ai déjà ressentis.

---

(1) J'avais toujours imaginé que le Diable était gaucher.

# Maboulina

Irénée Bellesort, le savetier de Donnacona, avait une fille unique. Elle avait dix-huit ans. Mais aucun garçon des alentours n'en voulait pour épouse.

Si Maboulina était fort intelligente, douée pour la musique, les lettres, les sciences, les travaux ménagers, si elle avait jolie taille et pied léger, la nature l'avait privée d'un beau visage et son teint était verdâtre. Ses yeux étaient ravissants. On aurait pu dire et le croire qu'ils étaient violets, ce qui est tout de même assez rare. Personne n'en voulait. Pas même le bossu ni l'idiot du village. Aujourd'hui, Donnacona doit être bien différent du temps où j'y passais quelques jours durant la belle saison. Et le pauvre Irénée Bellesort se désolait.

Tous les dimanches, il se promenait avec Maboulina. Il sortait de chez lui de grand matin. Il se rendait avec elle jusqu'à l'orée du bois dont les arbres à haute chevelure touchaient presque les nuages bas de l'automne. Ils se reposaient tous les deux, sur un banc placé à une jetée de cailloux du beau lac qu'on appelait — vieille tradition — le lac Satin, parce que les vieux se souvenaient que, vers 1887, une jeune fille s'y était noyée vêtue d'une robe de satin mauve. La tristesse s'était installée dans tout l'environnement. Alors, là, pendant des heures, ils rêvassaient à leur sort malheureux. Maboulina consolait son père en lui disant qu'elle ne souffrait pas de se sentir un peu isolée. Elle avait une bonne santé, une bonne table, des livres, un piano, une guitare. Rien ne semblait lui manquer. Cependant, elle se posait souvent la question à savoir comment elle s'y serait prise pour rendre un homme heureux. Elle s'ingéniait à bien tenir la maison de son père. Elle en aurait fait autant pour cet époux tant rêvé. Elle lui aurait offert des repas raffinés, l'aurait enchanté en jouant de la musique. Quant aux heures de volupté, elle n'avait pas besoin de les imaginer : elle n'avait que trop de mal à ne pas y penser !

* * *

Un jour, Maboulina se rendit seule au bord de l'étang. Pour la première fois, elle sentit le poids de sa solitude. Quelques larmes allaient couler de ses yeux lorsqu'elle entendit à ses côtés un bruissement d'aile. La jeune fille leva les yeux et aperçut un oiseau aux pattes d'argent dont la tête semblait démesurée, énorme.

L'oiseau se posa sur une pierre devant elle et lui dit :

— Parce que j'ai su m'échapper du filet d'un oise-leur dont la mère était sorcière, celle-ci m'a jeté un sort. C'est pourquoi je suis si laid à voir. Si tu peux m'appor-ter une souris blanche, je la saignerai et me baignerai dans son sang. Je reprendrai alors ma forme d'autrefois. Je trou-verai femelle et multiplierai les oiseaux à moi pareils et ils charmeront de leurs chants joyeux les gens qui vont et viennent dans les bosquets et les jardins du pays.

— Et alors ? interrogea la frêle Maboulina.

— Je serai reconnaissant. Je te donnerai en échange ce qui te manque, la beauté, reprit l'oiseau.

— Non, jamais ! répondit la jeune fille. Je ne veux pas d'une beauté qui coûtera le sang et la vie de la plus petite souris blanche du monde entier.

L'oiseau aux pattes d'argent et à la tête démesurée s'envola en lançant un cri strident. Maboulina crut alors que son destin était pour toujours fixé. Elle prit le che-min du retour. Plusieurs garçons qui la rencontraient se moquaient en chantant tout haut :

«Maboulina de mari point n'aura
sauf si les souris mangent les rats!»

La jeune fille déboucha sur un sentier bordé de houx et de lauriers. Elle fut abasourdie en apercevant devant elle une petite souris blanche qui l'appelait par son nom.

— Ne crains rien, Maboulina, lui dit la souris blan-che. Je sais que tu as refusé de laisser verser le sang d'une seule de mes soeurs par l'oiseau méchant.

— C'était la moindre des choses, soupira la jeune fille.

— Si tu me fais confiance, je te rendrai aussi belle que ton coeur est bon, lui assura la souris blanche.

Maboulina restait silencieuse tout près d'un tremble jeunot. Elle croyait rêver.

— Tu vois le trèfle poussant tout près de ton pied? poursuivit la souris blanche. Prends-en trois touffes et mange-les! Ce trèfle est magique. Tu dormiras d'un profond sommeil. Lorsque tu ouvriras les yeux, tu verras ce qui se passera. Adieu! ajouta la souris blanche. Je te souhaite beaucoup de bonheur.

\* \* \*

Trois jours plus tard, Maboulina ouvrit les yeux. Elle vit tout près d'elle le bel Éric, fils du métayer, que s'arrachaient les jeunes filles de Donnacona. Le jeune homme, grand, musclé, de belle allure, lui caressait doucement les cheveux. Maboulina eut peur.

— Ne crains rien! Je ne te veux aucun mal, Maboulina. Tu es pour moi la plus belle fille du pays et je regrette de ne pas avoir jeté les yeux sur toi avant ce moment-ci. Je te prendrais pour épouse si seulement ton père consentait à me donner ta main.

— Je te connais, fils du métayer, reprit Maboulina. Tu me connais aussi et tu sais que je suis laide. Alors, passe ton chemin et ne me fais pas plus de mal que j'en souffre lorsque je suis seule.

Éric sortit de la poche de son gilet une petite glace et la posa devant les yeux de Maboulina. Celle-ci se regarda dans cette glace et se rendit compte que la souris blanche avait tenu parole. Elle avait, en effet, le plus beau visage qui fut donné à une fille de tous les alentours.

Le fils du métayer la conduisit chez le savetier et demanda la main de Maboulina. Étonné, Irénée Bellesort dit au jeune homme:

— Pourquoi te soucies-tu de ma fille maintenant?

— Parce que je n'avais eu le bonheur de jeter les yeux sur elle avant aujourd'hui. Vous ne me croirez pas, mais je l'aime.

— Tu mens, fils de métayer ! Tu ne lui as jamais adressé la parole et pourtant tu la connais depuis le temps où vous alliez ensemble à l'école.

— Eh bien ! J'étais un sot, reprit Éric. Sot ou aveugle !

— Laisse le temps au temps, Éric, ma fille est libre et elle fera ce qu'elle voudra.

\* \* \*

— Non, savetier ! Le temps jouerait contre moi ! Je la veux maintenant !

— Je n'ai qu'un métier de pauvre et pas de dot pour ma fille ! scanda Irénée Bellesort.

— Écoutez ! Mon père est vieux et malade. Il m'a prié de prendre la métairie à ma charge. Seul, je n'y arriverai pas. Je vous ferai intendant. Vous laisserez votre boutique et vous habiterez dans une maison de nos dépendances. De plus, je désirerais que Maboulina fasse un voeu, n'importe lequel. Je le réaliserai !

Le savetier regarda sa fille sans dire mot. Ils se comprenaient sans se parler depuis fort longtemps. Maboulina n'exigea qu'une chose. Que le fils du métayer lui offrît un mouchoir de soie sur lequel serait brodée une souris.

— Une souris, Maboulina, mais pourquoi ? s'écria Éric.

— C'est le seul secret que je veuille garder, reprit la jeune fille que l'espérance du bonheur rendait encore plus belle.

\* \* \*

Deux mois plus tard, la fille du savetier épousait le fils du métayer à l'étonnement de toutes les filles de Donnacona. Comme dans toute légende, Maboulina fut heureuse avec Éric, le fils du métayer. Elle lui donna quatre enfants, deux garçons et deux filles. Le père s'éteignit à quelque temps de là. La jeune maman devenait toujours plus belle, car la maternité lui allait comme un gant. Ce sont des choses qui arrivent mais nous ne les voyons pas toujours.

# Le veilleur de nuit

Dans un petit hameau situé à quelques kilomètres de Grondines, vivait un homme qui ne dormait pas. Âgé de soixante ans environ, il avait fait l'objet d'études médicales nombreuses, mais on n'avait pas trouvé la cause de ce phénomène, car, à la vérité, souffrir d'une maladie tout à fait à l'opposé de la maladie du sommeil, il faut bien avouer que cela ne se voit pas tous les jours.

Les braves gens de l'endroit n'étaient pas allés chercher bien loin pour le surnommer «le veilleur de nuit».

Artisan — ce qui n'est pas loin de l'artiste —, il sculptait des statues, des autels, voire des calvaires et des croix du chemin. Il n'était pas riche mais vivait bien. Son métier lui permettait d'être indépendant dans son patelin. Ceci n'empêchait pas les enfants d'être piqués par la curiosité lorsqu'ils apprenaient qu'il y avait, tout près d'eux, un homme qui n'avait jamais sommeil alors qu'eux, en classe, s'endormaient souvent.

L'homme était franc, affable, et souriant quelquefois. Il n'était pas friand de confidences et n'en voulait recevoir de personne. Pourtant, un jour, une petite fille lui arracha naïvement son secret. Il s'était senti en confiance avec elle. Répondant à la question que tout le monde lui posait, il dévoila à cette enfant ce que lui-même n'aurait jamais dû dire. La tendresse l'avait-elle emporté sur le mystère? Oubli malheureux de sa part? Besoin de partager avec quelqu'un un secret si lourd? On ne sait trop! Et voici ce que raconta l'homme qui n'avait pas dormi depuis tant et tant d'années :

«Ma belle enfant, lui dit-il, j'avais alors quatorze ans, je travaillais dans un atelier appartenant à mon père. J'apprenais alors le seul métier que je connaisse. Un soir que j'avais sommeil et que j'allais poser ma tête sur l'oreiller, je vis devant moi un jeune homme d'une rare beauté et qui était entouré d'une douce lumière. Il me dit de ne pas avoir peur. Pour être franc, je dois dire que mon coeur fut un peu bousculé. Il me pria de me lever et de le suivre à l'extérieur de la maison. Ce que je fis! Là, sous les étoiles très brillantes, il me montra la région en me disant:

— À l'avenir, tu n'auras plus jamais sommeil et tu veilleras sur toute la région que je viens de te montrer. Dieu a d'autres tâches pour ses anges. Il a besoin des hommes. Tu es un élu! Mais si tu dévoiles le secret, tu t'endormiras à soixante ans pour ne plus jamais te réveiller.

— Et alors? demanda la petite fille.

— Alors toi, reprit l'homme, tu ressembles étrangement à l'être mystérieux que j'ai vu ce soir-là. Et toi aussi, tu es une élue! J'ai soixante ans et j'ai terriblement sommeil. L'heure a sonné! Tu es choisie pour que j'aie sur toi un dernier regard.»

La petite fille lui ferma les yeux. Tous les gens du hameau, qui avaient pris l'homme pour leur ange gardien, quittèrent la place après les funérailles de l'artisan «veilleur de nuit».

Moins d'un an plus tard, le hameau, qui ressemblait déjà à un fantôme dans la nature, disparut dans un gigantesque glissement de terrain.

Qui les avait prévenus?

# François Lecoing

Qui vous aurait parlé de François Lecoing? Son existence sans histoire n'a pas été retenue par les gens de Notre-Dame des Laurentides, non loin de l'endroit où je passais mes vacances de Pâques au temps où je n'étais encore qu'un adolescent. On ne lui portait que peu d'intérêt. Pourquoi? Indifférence? Ingratitude? Laissé pour compte sans raison précise? On ne le saura jamais. Pourtant, si l'on peut dire que les gens heureux n'ont pas d'histoire, François fut sans doute une exception à la règle. Rien ne semblait le destiner à la vie heureuse qu'il a menée.

Né de parents pauvres et sans renom, il avait été choyé par la nature. Grand, beau, fort, bien fait de sa personne, bâti comme un athlète, François faisait la joie de sa mère Catherine et de Prudent, son père. Leur petite habitation était tout juste assez grande pour loger les meubles, le poêle à bois dans la cuisine, la salle à manger y compris la maie; deux bancs de bois, les attelages accrochés au mur, c'était tout. Il n'y avait qu'une chambre à coucher. Quant à François, il dormait dans la grange avec son chien Bayard, non loin de la beurrerie, car, à cette époque-là, avec quelques vaches, on pouvait baratter la crème pour en faire du beurre. François ne se plaignait pas. Il savait que Catherine et Prudent ne pouvaient faire mieux.

Lorsqu'il avait terminé ses travaux à la petite ferme de ses parents, François offrait ses services à tous les voisins. Il était vaillant, courageux et peu avare de son temps. Il travaillait souvent jusqu'à la brunante, surtout chez les vieux fermiers au souffle court et aux bras moins vigoureux. Bien sûr, il y gagnait quelques sous. Il ne pensait jamais à lui-même. Tout son avoir allait à ses parents. Il les aimait plus que tout au monde. Il les accompagnait partout. Le dimanche, à l'église, il se glissait dans un coin sombre, car ses parents ne pouvaient se payer un banc dans l'allée centrale de la nef. Ce fut lors d'un jour de Pâques que Lucie, fille d'un riche métayer — déjà promise au fils costaud du forgeron — remarqua ce beau jeune homme. Dès le lendemain, elle s'informait de lui.

Quelques jours plus tard, elle convainquait son père d'embaucher François pour la rentrée des foins.

— Les clôtures sont dans un état lamentable, dit alors la jeune fille, et les gens vous trouvent radin de ne pas les redresser. François pourrait accomplir ce travail et il se trouverait sur place pour la récolte.

Le père la regarda au fond des yeux et crut saisir l'astuce de cette fausse timidité.

— Tu n'es pas aussi timide que tu veux bien le laisser croire, Lucie. Je te connais bien, tu sais. Mais n'oublie pas que tu es promise.

— Je n'ai jamais été consultée, coupa Lucie d'un air décidé. Que deviennent les jeunes filles qui n'ont pas choisi leur mari?

— François Lecoing est un minable, répliqua le père, en élevant la voix. Il n'a pas un sou vaillant. Avec lui, tu vivrais dans la misère. Mais Toussaint Labranche, lui, c'est l'héritier de la forge du meilleur maréchal-ferrant de tout le comté. Sa nombreuse clientèle l'a déjà mis fort à l'aise.

Lucie tapa du pied en répondant vertement:

— Mais je n'aime pas Toussaint Labranche!

— Ça viendra avec le temps, reprit le métayer. Mais je vais embaucher François quand même, car j'ai besoin d'aide cette année.

\* \* \*

La jeune et fraîche Lucie n'en demandait pas davantage. Ce fut pour elle une occasion de voir François beaucoup plus souvent. Tout d'abord sous un pommier, puis le lendemain près d'un tilleul, enfin, dans une barque, sur la rivière. Le jeune homme n'osait s'amouracher de celle à qui il rêvait depuis longtemps déjà. Mais sa condition de pauvre lui interdisait d'ébaucher un quelconque projet avec la belle Lucie. Quant à celle-ci, elle l'aimait dans son coeur et ne pouvait en dormir paisiblement la nuit. Elle n'écoutait plus les conseils ni les remontrances de son père. Elle était tout simplement devenue une autre femme depuis qu'elle avait serré la main de François, surtout depuis que ses lèvres avaient effleuré celles de l'«homme engagé» de la métairie.

D'autre part, le fils du forgeron réclamait son droit. Il ne craignait rien du pauvre François Lecoing, car il avait confiance absolue dans la parole des parents de Lucie.

Il exigeait même que le mariage eût lieu aussitôt que possible. Les parents s'étaient rencontrés à deux reprises. On n'avait pu s'entendre sur une date. Ce fut le fils du forgeron qui trancha la question tout en jurant qu'il n'était pas jaloux du pauvre gueux de François. Il proposa un duel au jugement de Dieu et pour toutes armes, des gourdins. François n'avait rien d'un batailleur. Il préférait quitter le pays. Il se disait qu'il n'avait pas assez d'habileté pour envisager une aventure dont nul ne pouvait prévoir les conséquences. Lucie insista :

— Si tu m'aimes, François, tu vaincras. Puis, je serai à toi pour toujours.

Les parents étaient plus ou moins d'accord sur un tel règlement de compte. On n'avait jamais — de mémoire d'homme — assisté à un duel dans ce coin si paisible. De plus, le curé fut scandalisé. Le dimanche précédent, du haut de la chaire, il avait interdit le combat.

Pourtant, on avait fini par fixer un jour qui fut bientôt là. Munis de gourdins, les deux jeunes gens s'affrontèrent sur la place publique. Le curé s'en fut prier dans son oratoire, tandis que les villageois, mis au courant de ce combat singulier, envahirent la place. On ne pouvait plus reculer. Au signal donné, le fils du forgeron se rua sur son adversaire. Il porta le premier coup. Mais François, malgré sa haute taille, était agile. Il évitait les coups sans en porter. Les témoins de ce duel dont l'enjeu était grand se demandaient bien pourquoi. Lorsqu'il en avait l'occasion, François portait des coups aux jambes ou aux bras de son adversaire. L'autre le visait toujours à la tête.

Et à chacun de ses violentes attaques, le coeur de Lucie bondissait dans sa poitrine. Le combat dura plus de deux heures.

Épuisé, le fils du forgeron abandonna et quitta les lieux sous le regard furieux et à la fois honteux du forgeron, son père. Comme Toussaint s'était avoué vaincu, Lucie demanda à son père de hâter son mariage avec François. Il fut convenu qu'on les marierait dans un mois.

À quelques jours de là, François dormait dans la grange lorsqu'il entendit grogner son chien. Il se saisit d'une carabine et après avoir crié trois fois — histoire de prévenir — il fit feu sur ce qu'il croyait être une ombre étrange dans l'embrasure de la porte. Une longue et sourde plainte suivit.

François alluma rapidement un fanal et se porta au secours du maraudeur. Quel ne fut pas son étonnement lorsqu'il reconnut Toussaint Labranche baignant dans son sang, un couteau de chasse dans la main droite. En effet, celui-ci était venu pour venger l'affront qu'il avait subi et surtout pour se débarrasser de son rival. Heureusement, la blessure n'était pas très grave. Après avoir confié Toussaint à ses parents, François sauta sur un cheval et fonça sur le village pour y quérir un médecin.

* * *

On transporta le malheureux chez lui. Il avait l'ordre du médecin de se reposer pendant au moins deux mois. Mais Toussaint n'attendit pas ce délai pour quitter les lieux. Il ne désirait pas lutter contre le destin. Il partit pour Québec où il comptait trouver de l'emploi.

Le métayer embaucha François à plein temps. Deux ans plus tard, le seigneur de Boisbriand, propriétaire de la métairie, mourait sans héritier. Il laissait tous ses biens à son métayer qui l'avait loyalement servi durant trente ans.

On devine le reste!

# La hache

Il y avait autrefois un petit garçon, Pol, qui habitait à deux pas de la rivière Châteauvert. Ce n'est pas une vraie rivière. De plus, elle portait ce nom pour une raison fort simple. Le propriétaire du domaine avait loué son moulin à scie à un jeune cultivateur qui préférait le bois de sciage au dur labeur de planter des choux. Or, comme le propriétaire se nommait justement Henri Châteauvert, les gens avaient donné son nom à ce petit cours d'eau. Il y avait plus de cailloux que d'eau. Mais quand on est petit, les rivières nous paraissent toujours grandes.

Parmi les garçonnets de la bande dont j'étais, il y avait le petit dont je vous ai parlé plus haut, dans son récit.

Dans mon récit se glisse plus de vérité que de légende. Or, le jour de son anniversaire, ses parents lui firent cadeau d'une hache. Que faire d'une hache si ce n'est pour couper quelque chose? Des chardons, des arbustes, des arbrisseaux. Peut-être même un arbre! Pourquoi pas?

Cet enfant avait de grands yeux noirs, des cheveux blonds comme les blés, le corps bien fait. N'avait-il pas l'allure d'un petit prince? Ce serait sans doute exagéré de l'affirmer! Dans l'ensemble, il était sage et studieux à l'école. Cependant, il paraissait à la fois rêveur et décidé, déterminé pour dire plus juste.

\* \* \*

Revenons donc à l'anniversaire du petit garçon. Le jour où il avait reçu une hache de ses parents, il coupa un bouleau maigrelet qui faisait de son mieux pour grandir. Au même instant, un esprit ayant pris la forme d'un oiseau gigantesque se mit à tournoyer au-dessus de la tête du petit Pol.

C'était un oiseau magnifique dont les plumes multicolores lançaient des reflets dans le soleil de midi. La peur de Pol se voyait à l'oeil nu. Et l'esprit se mit à parler:

— Pourquoi as-tu détruit ce bouleau?

— Je ne sais pas, répondit l'enfant. Une hache ce n'est donc pas fait pour couper?

— Quel âge as-tu? interrogea l'oiseau dont les ailes enveloppaient ce petit être blond tremblant de tous ses membres.

— Onze ans, monsieur l'oiseau, laissa tomber l'enfant.

L'oiseau s'éloigna de lui en deux battements d'ailes. Et il tournoyait, l'air courroucé, à la vitesse d'une hélice d'avion. Pourtant, cet oiseau n'était pas méchant de nature. Il se contenta de lui dire:

— Si, à ton âge, tu détruis un petit arbre, lorsque tu seras devenu un homme, tu détruiras une maison, une ville, peut-être même un pays. Il te faut une leçon! Tu vas chercher et trouver un bouleau tout à fait semblable à celui-ci. Tu viendras le planter au même endroit. Si tu échoues, tous les arbres que tu toucheras, ne serait-ce que du bout de ton doigt, se dessécheront sous tes yeux. Si, au contraire, tu réussis, je te dirai mon nom. Rendez-vous ici même dans huit jours.

\* \* \*

Tout le monde ne croit pas cette histoire qui ressemble comme un jumeau à un conte pour enfants. Mais il advint que Pol fut au rendez-vous et à l'heure précise. Il avait même eu le temps de planter le bouleau. L'étrange et magnifique oiseau paraissait heureux, battant des ailes comme s'il voltigeait sur une sonate de Scarlatti. Il salua l'enfant et prit son élan pour s'envoler. Pol se mit à crier:

— Votre promesse, monsieur l'oiseau! Votre nom! Vous aviez promis de me dire votre nom!

L'oiseau revint sur ses ailes pour tout dire et déclara à bout de souffle:

— Je ne suis pas un véritable oiseau. Je suis l'esprit de ces lieux que je protège.

Pol perdit ses parents très jeune. Il dut trimer dur pour terminer ses études. Aux dernières nouvelles que j'ai eues de lui, il était devenu garde-forestier dans la région même du bouleau qu'il avait dû planter.

S'il y a du vrai dans cette histoire, c'est qu'elle est arrivée à mon plus proche cousin.

# Tristan et le bourgeois

Quand l'esprit malin pénètre le coeur d'un homme — fût-il de noble famille — il y sème les pires intentions.

C'est ainsi qu'un riche bourgeois de la Mauricie voulut se venger d'un jeune troubadour nommé Tristan. Ce dernier avait refusé trois fois de créer une ballade pour lui. Comme il en exigeait la raison, Tristan avait répondu :

— Parce que tu es un mauvais homme. Tu méprises tes conseillers. Tu es sans foi ni loi. Tu ne paies pas un salaire juste aux travailleurs de tes champs. Tu as jeté, dans une tour, très loin au fond d'un bois, ta pauvre femme parce qu'elle ne pouvait te donner un enfant. Tu aurais pu en adopter un lorsque l'on sait qu'il y a des milliers d'orphelins dans les huit domaines sur lesquels tu diriges tout à la manière d'un tyran. Ton égoïsme t'a poussé à accorder toutes tes faveurs à une courtisane dont la vertu est plus que douteuse. Tu as, de plus...

— Tais-toi! hurla le bourgeois de la Mauricie. D'un mot, je pourrais te faire jeter en prison.

— Tu le peux, répliqua Tristan. Mais la prison me sera douce. Mais je sais que tu ne le feras pas.

— Pourquoi, s'il te plaît? interrogea le bourgeois. Es-tu un devin?

— Je ne sais que ce que j'apprends, triste bourgeois.

— Et qu'est-ce que l'on t'a appris? demanda le bourgeois, un peu inquiet au fond de lui-même.

Que tu deviendras malade — et pour longtemps — deux jours après mon emprisonnement, annonça le troubadour.

— Foi de bourgeois, tu seras sévèrement puni pour ton audace. Je sais que tu aimes la musique. Je vais trouver et embaucher de faux musiciens qui t'écorcheront les oreilles jusqu'à la surdité la plus complète. Comme tu aimes la beauté, je ne mettrai autour de toi que des laideurs. Comme tu aimes le silence et la paix, je te ferai polluer par le bruit. Des dizaines de faiseurs de bruit envahiront ta prison jusqu'à ce que tu composes cette ballade que je signerai de mon nom.

— Jamais, s'écria Tristan, jamais tu n'auras cette ballade !

Le bourgeois fit mander des gens qui ne connaissaient pas une note de musique. Il leur donna des instruments de musique dont ils devaient jouer par groupes de douze, et se relayant jour et nuit. De plus, le bourgeois fit venir des faiseurs de bruit qui devaient empêcher Tristan d'écouter le chant des oiseaux.

L'homme était sûr que tout cela allait créer une sorte de cacophonie, une atmosphère intenable. Enfin, pour les yeux du troubadour, il prit à son emploi huit femmes parmi les plus laides de la région. Et toutes ces femmes avaient mauvais coeur. C'en serait assez pour rendre fou n'importe quel troubadour, ces êtres sensibles et charmants. Comme le bourgeois ne pouvait pas aller devant la justice avec cette cruelle fantaisie, il choisit la maison de Tristan comme lieu d'isolement. Tristan accepta son sort tout en sachant que le Mal n'a pas toujours raison.

* * *

Le bourgeois fit garder la maison par des hommes et des chiens méchants. Puis, l'homme se retira non sans lancer un rire sardonique qui s'entendit jusqu'au trécarré. Les gardes conduisirent Tristan à sa maison avec les faux musiciens, les faiseurs de bruit et les huit femmes laides comme des poux.

* * *

Mais ce que le bourgeois ignorait, c'est que Tristan était le fils d'une sorcière. Sur son lit de mort, la vieille femme avait donné à son fils un anneau dont les propriétés étaient magiques. Elle avait dit à son cher fils :

— Écoute-moi bien Tristan ! Chaque fois que l'on voudra te faire du mal dans la vie, tu n'auras qu'à penser à moi en portant cet anneau. Il ne vaut pas très cher mais il a son mérite. Je ne peux pas te transmettre tous mes pouvoirs. Mais ce que j'ai, je te le donne. Cet anneau te préservera des dangers courants et surtout de la malice des hommes.

* * *

Dès le lendemain, Tristan retrouva l'anneau. Le portant à son annulaire droit, il fit approcher les huit femmes auprès de lui. Il posa l'anneau sur leurs yeux, leurs joues, leur front, la poitrine, la taille et les jambes. Elles devinrent aussitôt si belles que si Tristan avait eu à choisir l'une d'entre elles comme épouse, il aurait éprouvé un sérieux embarras. Les femmes furent heureuses et reconnaissantes. Elles se vouèrent à son service.

Tristan fit de même avec les faux musiciens, les touchant de l'anneau et prononçant le nom de sa mère. Les faux musiciens entendirent la musique comme s'ils l'avaient toujours apprise depuis leur enfance. Quant aux faiseurs de bruit, il les toucha aussi en prononçant, avec ferveur, le nom de sa mère sorcière. Aussitôt, ils furent les seuls à entendre leur vacarme. Deux mois plus tard, ils étaient tous devenus sourds. Par la suite, ils cessèrent d'obéir à leur maître. Ils se laissèrent aller à la paresse la plus extrême.

* * *

Lorsque le bourgeois se rendit à la maison de Tristan, au moment du délai entendu, il vit Tristan heureux au milieu des huit plus belles femmes de ses domaines, entendant une musique douce et enchanteresse, tandis que les faiseurs de bruit étaient tous endormis dans un dortoir bien aménagé. Le bourgeois fit une crise d'apoplexie et mourut sur-le-champ.

Tristan, qui n'avait pas de rancune, rendit hommage quand même à la mémoire du défunt bourgeois en composant pour lui une messe de Requiem dont il soigna d'une façon particulière le Kyrie eleison!

# Histoire de renard

Je suis tellement persuadé que vous n'ajouterez pas foi à cette légende que cela m'incite davantage à vous la raconter.

C'est une histoire de corbeau et de renard. Cela s'est passé à Saint-Thuribe de Portneuf lorsque ma grand-mère allait encore au bal. Mais elle savait si bien dire les choses, les récits de son temps qu'on ne pouvait plus les oublier.

Un renard de l'endroit cherchait un jour une proie facile tout en sachant bien que rien n'est facile. Il se dirigea tout d'abord à la fromagerie centenaire de cette petite paroisse entourée de hauts pins. Les gens y vivaient sans histoire. C'est pourquoi, tout à coup, ce renard solitaire mit ce coin tranquille sur la liste des événements quotidiens comme on peut en lire dans les journaux sérieux. C'était un beau dimanche de mai. Le soleil jetait généreusement ses rayons sur les feuilles et les fleurs abondantes en cet endroit. La pauvre bête croyait y trouver quelques petits bouts de fromage. Rien! Tout avait été nettoyé la veille. Le renard s'en fut alors dans le sous-bois croyant y trouver une proie de plus grande valeur. Rien! Les animaux familiers de ces lieux se terraient encore à cette heure-là. Puis, ils n'étaient pas friands des réunions dominicales. Quant au renard, étant tout jeune, il n'avait pas développé un odorat assez fin pour y découvrir quoi que ce soit. Soudain, il aperçut un corbeau «tenant en son bec un fromage». «Nous y voilà», soupira le renard, en redressant la queue.

Faisant le guet sous la branche où le corbeau s'était très tôt perché, il lui fit des compliments fort nuancés. Mais le corbeau ne lâchait pas sa proie. Il tenait bon. Maître renard avait beau parler «de plumage et de ramage», le corbeau tint bon. De guerre lasse, le renard vida les lieux. Il courut du côté de Saint-Casimir — malgré la distance — car il y avait déjà pris un succulent dîner de poulet peu de jours auparavant. En route, il inventait des éloges dont il avait déjà éprouvé l'efficacité. Il s'adressa donc à un autre corbeau. Celui-ci, comme par hasard, tenait aussi un fromage accroché à son bec. Le renard «fit le beau», se tenant sur ses pattes arrière comme un chien reconnaissant.

Dans son propre langage, il servit beaucoup de rhétorique à ce corbeau tout noir et tout têtu. Le renard finit par se lasser. D'autre part, le jour baissait.

* * *

Du côté d'un hameau, non loin de Saint-Casimir, il se rendit compte que les proies étaient rares, du moins autant que les haies étaient hautes et les chiens aux aguets. Les clôtures étaient également solides et défiaient toute attaque sournoise. D'un autre côté, il y avait des fleurs printanières, des cours d'eau gonflés, des hirondelles qui lui paraissaient repues tout en voltigeant autour des nids qui se bâtissaient en vitesse, car les petits allaient naître bientôt dans ce décor naturel dont Watteau aurait sans doute rêvé.

Le renard aperçut à distance un troisième corbeau. Mais où donc tous ces corbeaux dénichaient-ils tant de fromage, pensait le renard dont la faim ne faisait qu'augmenter. Il se lança donc dans un troisième discours qu'il croyait en lui-même plus rusé et plus subtil. Rien! Le corbeau ne l'écoutait même pas. Le renard dut faire son deuil de butin pour ce jour-là. Il dut rentrer au logis sur sa faim. Mais il se frappait la poitrine, si l'on peut s'exprimer ainsi, en réfléchissant de tous ses méninges:

— Ce n'est pas possible! Tous ces maudits corbeaux ont lu Monsieur de La Fontaine!

Lorsque ma grand-mère me raconta cette légende à rebours pourrait-on dire, j'en ai bien ri. Puis, avec les années, l'évolution, le progrès sous toutes ses formes, je me suis dit que si l'homme peut aller sur la lune, installer des laboratoires dans l'espace, il n'y a pas de raison pour que les corbeaux n'aient pas lu, depuis le temps, Monsieur de La Fontaine.

# Les pépites d'or

Le conteur du village, au temps de ma petite enfance, connaissait autant de récits qu'il peut y avoir d'étoiles au firmament. Des histoires fantastiques, voire incroyables. Était-ce invention, était-ce légendes? Difficile à dire! On pouvait se demander si la source n'en serait pas tarie un jour. Je me souviens qu'il avait alors quatre-vingts ans bien sonnés. Il était grand, rude, cheveux en broussailles, le ton hardi et convaincant. Ancien de la marine marchande, il avait parcouru tout le globe, avait appris plusieurs langues, et se vantait — avec un soupçon de modestie — d'avoir tenu plus d'une beauté exotique dans ses bras. Et c'était vrai qu'il avait le visage d'un vieux marin, c'est-à-dire bronzé par le soleil et battu par l'eau de la mer. Il racontait encore aux enfants de la troisième génération — la mienne à l'époque — les récits qui avaient ébloui beaucoup d'autres enfants des villages avoisinants Les Saules, près de Québec. Une chose, cependant, était honnête de sa part. Il ne disait jamais que ses récits étaient la pure vérité. Parmi plusieurs, j'ai retenu celui qui suit.

* * *

Un voyageur se perdit au désert. Les jours étaient torrides et les nuits glaciales. Au bout de trois jours, sa gourde était vide. Le pauvre homme marchait sous un soleil brûlant. Il tint bon pas pendant plus de quatre jours. Cependant, il sentait que ses jambes allaient bientôt fléchir tandis que ses yeux ne voyaient plus qu'à cent pas devant lui. Il se savait à deux kilomètres environ des puits comme il en existe, ici et là, au désert, aux endroits où les Bédouins abreuvent leurs chameaux ou autres bêtes de somme. L'homme priait Dieu et ses saints de le sortir de là vivant, car il ne savait que trop comme il est horrible de mourir de soif.

Après sa prière, il reprit courage. Pour alléger sa marche, il se débarrassa de tout ce qui lui paraissait inutile ou trop lourd. Il s'orienta de son mieux, mais il n'osait plus regarder du côté du soleil de crainte de se brûler davantage les yeux.

Mais il se mit tout à coup à ralentir le pas. Il savait également que s'arrêter au désert, c'est mourir. Plus il avançait péniblement, plus le puits lui paraissait loin. Deux ou trois fois, il fut sur le point de tout lâcher et de se laisser mourir; il n'en pouvait plus.

Cependant, l'instinct de conservation fut le plus fort. Au fond de son coeur, il souhaitait la venue de la nuit, même si elle allait devenir glaciale comme c'est souvent le cas. Ne l'avait-il pas expérimenté bien des fois? Il sentait, peu à peu, que ses forces l'abandonnaient. Le soleil était pour lui sans pitié. Il lui semblait que ce soleil du désert pesait des tonnes sur ses épaules. Ses paupières lui brûlaient comme du feu et il n'y voyait presque plus. Seule sa volonté inébranlable le tenait encore debout. Il fit un autre effort et marcha une trentaine de mètres. Puis, la fatigue le terrassa de nouveau.

Tout à coup, il aperçut le puits vers lequel il tentait de s'avancer sur ses genoux maintenant. Dès qu'il toucha la margelle, il vit à ses pieds un sac de cuir. Croyant qu'il s'agissait d'une gourde perdue par un voyageur, il ouvrit brusquement ce sac de cuir noir. À son étonnement, il vit qu'il était rempli de pépites d'or. Il le rejeta à dix pieds de lui et s'effondra en pleurant. Il se hissa ensuite à bout de bras afin de voir s'il y avait de l'eau dans ce puits. Hélas! Il était à sec. Aucune caravane venant à passer, notre homme écrivit quelques mots sur une page de son journal de voyage. Il recommanda son âme à Dieu et attendit courageusement la fin.

Lorsque trois heures plus tard la première caravane arriva sur les lieux, tout près du puits, le chef descendit de son chameau et s'avança vers le mort. Il trouva également le sac rempli de pépites d'or. Sur la page écrite trois heures plus tôt, le chef lut à haute voix:

— Lorsqu'on a soif à mourir et qu'il n'y a pas d'eau, l'or ne sert à rien.

Le chef et ses hommes creusèrent une fosse profonde dans le sable et y déposèrent le corps de ce voyageur inconnu. Personne ne voulait qu'il fût la proie des vautours qui s'approchaient déjà. Remontant sur son chameau, le chef laissa tomber en guise d'oraison funèbre, sans doute :

— Aux puits que nous avons trouvés sur la route, il y avait de l'eau pour abreuver douze hommes. Et celui-ci est mort de soif.

# Le Diable
# comme beau-père

Le village de Saint-Augustin était si près du domaine où j'ai passé mon enfance et mon adolescence que nous avions, chaque jour, les nouvelles des drames ou des comédies qui s'y déroulaient. Il y avait à l'entrée d'un grand bosquet une petite maison où vivait un jeune garçon de vingt ans environ qui avait été fort mal servi par la nature. Tout le monde le voyait long comme un bambou, n'ayant que la peau sur les os, un nez trop large, des oreilles comme un moulin à vent, des pieds plats et des mains aux doigts crochus. Ses cheveux ressemblaient à de la paille mouillée. Quant à ses yeux, ils étaient d'un bleu délavé. Aucune fille du village n'avait voulu de lui comme mari. Est-ce que cela se comprend? Peut-être! Mais, d'autre part, épouse-t-on un homme parce qu'il a vraiment les yeux trop pâles?

Ce garçon se nommait Jean. Il souffrait beaucoup d'être fait ainsi. Un jour, découragé, au bord du désespoir, il aurait été prêt à se suicider ou même à pactiser avec le Diable, mais à la condition que tout fût changé pour lui. Les jours suivants, comme il se promenait dans un boisé, juste à la limite du lac Saint-Augustin, il se trouva en face d'un élégant et beau jeune homme qui semblait l'attendre au bout du sentier. Il était bellement habillé, avait grande allure et parlait avec douceur et tendresse un langage à la fois étrange et familier. Interrogé, Jean raconta que tous les jeunes gens du village avaient trouvé femme sauf lui. Il semblait voué à la solitude et au célibat involontaire. Jean était laid comme un crapaud, mais aussi valeureux qu'un chevalier du Moyen-Âge.

— Je peux changer tout cela, lui dit l'inconnu du sentier, mais à une condition.

— Laquelle? fit Jean, abasourdi.

— Que tu épouses la fille que tu trouveras dans la chaumière, là-bas, à la pointe même du lac.

Si heureux de ce marché, Jean accepta sans trop se demander qui était ce mystérieux inconnu.

* * *

Jean partit à la conquête de l'amour. Chemin faisant, il se rendit compte qu'il s'était métamorphosé. Il avait conservé sa haute taille, mais son visage se réflétant dans l'eau du lac, était d'une grande beauté. Ses traits étaient fins et délicats. De plus, il avait la démarche d'un prince élevé à la cour d'un roi.

Lorsqu'il aperçut la chaumière dont le jeune homme lui avait parlé, Jean pressa le pas. Après un instant d'hésitation, il frappa quelques coups discrets à la porte. Celle-ci s'ouvrit et Jean vit une jeune fille de vingt ans environ, belle comme une déesse, somptueusement habillée, dont le sourire engageant l'invitait à entrer. Du premier coup d'oeil, il en devint follement amoureux. Comme il lui offrait spontanément son amour, elle eut un sourire mystérieux. Elle lui déclara, d'un seul souffle, qu'elle l'attendait depuis longtemps. Depuis si longtemps, disait-elle, que leur mariage devait être célébré avant le coucher du soleil.

* * *

Jean la conduisit vers la grotte d'un vieil ermite installé dans ce coin-là depuis des années. Celui-ci refusa net de les unir l'un à l'autre. Déçu, le jeune homme se dirigea du côté de la vieille église du village de Saint-Augustin. Le curé jura, séance tenante, qu'il ne pouvait bénir ce mariage. Jean essaya de persuader le pasteur protestant d'un bourg avoisinant. Rien à faire! Alors, Jean se rendit, avec celle qu'il aimait déjà, chez un ministre d'un autre culte. Nouveau refus et surtout catégorique. Jean n'y comprenait plus rien puisque personne ne lui donnait une raison du refus. Il décida donc de s'adresser directement à Dieu.

En entendant prononcer ce nom, la jeune fille dit à Jean que ce mariage ne serait sûrement pas valide devant Dieu, car elle était la fille du Diable!

Jean revint tout penaud au village d'où il était parti de grand matin. En route, il s'aperçut que son physique était redevenu ce qu'il était auparavant. Très perturbé, il s'en fut se plaindre au curé. Ce dernier le consola en disant que s'il avait épousé cette fille, il aurait eu le Diable comme beau-père.

Mieux valait, selon lui, avoir moins de beauté et moins d'allure que de se trouver au milieu de la famille de l'être le plus exécrable de l'univers jetant la confusion par tous les moyens à sa disposition.

Jean allait donc revenir à l'idée de disparaître à jamais! Non! La chronique nous apprend qu'une jeune fille d'un village voisin devint un jour l'épouse légitime de Jean, car dans l'élan de son amour, elle le trouva beau.

# L'estaminet

J'ai souvenance d'un austère curé menant ses ouailles des Écureuils, entre Québec et Montréal, sur la rive nord, absolument comme un troupeau de chèvres et ce n'est pas peu dire. Ce brave homme ne tolérait pas grand'chose de ses paroissiens. On ne pouvait se présenter à l'église sans être dûment endimanché. Il apostrophait du haut de la chaire ceux qui arrivaient en retard à la messe du dimanche, la seule qu'il chantait, à neuf heures précises. On aurait pu attribuer au manque de prêtres — même à cette époque lointaine — le fait que ce curé n'avait pas de vicaire. La vérité était tout autre. Personne ne voulait servir à cet endroit. De plus, l'alcool était la bête noire du curé : il horripilait l'alcool. Il le considérait comme la source de tous les maux, de tous les vices. Enfin, on disait que, durant la confession de ses ouailles, il posait les questions les plus indiscrètes. D'autre part, il tonnait, tous les dimanches contre les sept péchés capitaux, à un point où l'on aurait pu croire que chacun des paroissiens les commettait sept fois par jour et l'un après l'autre. Lorsqu'on mettait le tout bout à bout, n'importe qui aurait pensé que ses paroissiens ressemblaient à ceux du saint curé d'Ars lorsqu'il mit les pieds dans cette paroisse pour la première fois. Quant à sa sainteté à lui, à cause de ses nombreuses colères, toujours bruyantes, elle était loin d'être acquise. Je sais que vous ne me croirez pas, mais ce curé à peine grisonnant et droit comme un if se nommait Aristide Bedon.

\* \* \*

Puis, un beau jour, comme ça, sans crier gare, on apprit de sources officielles qu'un estaminet allait être ouvert dans la paroisse des Écureuils, un peu en amont du village. C'était tout juste ce qu'il fallait pour mettre le curé Bedon aux abois. L'ire du curé allait aussitôt éclater. Dès que la nouvelle fut connue de tous, il en fit le sujet de son homélie du dimanche suivant. Il s'exprimait ainsi :

— Pas d'estaminet sur le territoire de ma paroisse ! J'irai jusqu'aux plus hautes autorités s'il le faut ! Tous les spiritueux et même la bière sont la cause de tout mal. L'alcool tue l'âme et abrutit le corps ! C'est bien entendu ! Pas d'estaminet aux Écureuils. J'ai dit et je maintiendrai !

\* \* \*

Le dimanche suivant, alors que le curé Bedon arrosait les fleurs de son jardin, une voiture s'arrêta devant le presbytère. Trois hommes costauds, en manches de chemise, sautèrent alors de la voiture et s'emparèrent du curé pour l'amener en ballade. À quelques kilomètres de là, sans le molester, ils le déshabillèrent et le laissèrent seul dans un épais boisé entre les Écureuils et Deschambault. Et là, avant de reprendre la route, un des hommes lui dit :

— Monsieur le curé, ceci n'est qu'un paisible avertissement. Que vous le vouliez ou non, il y aura un estaminet aux Écureuils. Nous n'allons pas chercher les gens dans les rues du village. Ils viennent boire et se rafraîchir de leur plein gré. Que voulez-vous, c'est à peu près la seule liberté qui leur reste.

La voiture démarra dix secondes plus tard et le curé Bedon en fut quitte pour rapailler[1] ses vêtements et retourner chez lui à pied. Il avait cependant remarqué que ses agresseurs étaient des étrangers. Aucun d'eux n'était de la paroisse. C'était déjà un peu consolant, mais cela ne suffisait pas à le rassurer tout à fait. Le curé se disait en lui-même que ces mercenaires avaient été embauchés pour cette sale besogne. Aussi, pour lui donner la frousse ! Il allait donc se défendre. On n'est pas le curé Bedon des Écureuils pour se laisser avoir ou se laisser intimider. Il attendit le prochain dimanche pour dire en chaire que ceux qui l'avaient agressé ne l'emporteraient pas en terre. Il confia à ses ouailles qu'il retrouverait ces malandrins et qu'il les amènerait devant les tribunaux. Raison : agression brutale sur sa personne.

Dès le lendemain, les mêmes individus se présentèrent au presbytère des Écureuils, s'emparèrent une seconde fois du curé — et toujours sans le molester — l'obligèrent à monter dans leur voiture pour une promenade non désirée. Cette fois-ci, on le conduisit vers les limites de Cap Rouge en passant par Saint-Augustin. On s'empara de ses vêtements. On les éparpilla à la ronde ne lui laissant qu'un simple caleçon gris. Mais le ciel eut pitié du curé Bedon. Un marguillier des Écureuils, venant à passer par là, le vit dans cette triste tenue. Il le recueillit dans sa voiture et le reconduisit au presbytère.

Blessé dans son âme, humilié dans son corps, le curé Bedon décida de porter l'affaire devant Monseigneur l'Évêque du diocèse. Comme les nouvelles vont vite, celui-ci était déjà au courant des deux incidents. Cependant, il laissa le curé s'en expliquer avec véhémence.

— Et alors? dit monseigneur l'Évêque.

— Je vous demande, Excellence, de me muter ailleurs, chez des gens plus civilisés. Aussi, la permission de poursuivre en justice ceux qui se sont rendus coupables de ce délit.

L'évêque réfléchit un instant et répondit :

— Non, monsieur le curé! Vous ne serez pas muté ailleurs! Les épreuves sont pour les curés comme pour les paroissiens. De plus, vous n'êtes pas là pour les poursuivre mais pour les convertir!

Le curé Bedon retourna chez lui. L'estaminet fut ouvert et personne ne fut plus méchant qu'avant cette risible aventure. À la longue, le brave curé se rendit compte de lui-même qu'il avait vu des péchés où il n'y en avait pas vraiment. Puis, au fur et à mesure que le temps passait, il devenait plus humble et plus doux.

Il avait fini par comprendre que pour jouer les curé d'Ars, il faut en avoir la dimension.

---

(1) Ramasser au hasard de menus objets (Dict. Bélisle, p. 1056).

# La fée de l'amour

À quarante-deux ans, Maurice LeFresne, violoniste de talent, n'avait connu que de folles aventures. Il avait su profiter de ses succès à travers tout le pays et sur la scène internationale. Il voyageait toujours en compagnie de Rachel Monnoyer, une excellente pianiste, que beaucoup de gens soupçonnaient d'être pour lui plus qu'une accompagnatrice et une amie. Ceci était faux! Mais on sait que les gens croient simplement ce qu'ils veulent bien croire. La vérité n'était pas là! Rachel était mariée à un homme d'affaires qui lui avait donné deux enfants qu'elle aimait plus que tout au monde. Lorsque leur mère était en tournée, les enfants, Blaise et Raymond, étaient sous la surveillance d'une gouvernante et ils faisaient sagement leurs études.

Maurice LeFresne, pour sa part, considérait la jeune artiste comme une accompagnatrice virtuose. Il laissait courir les rumeurs. Il savait fort bien que les gens voient des amants partout dans le milieu artistique. Si les gens avaient pu suivre leurs nombreux voyages saisonniers, ils se seraient rendus compte que Maurice LeFresne et Rachel Monnoyer n'étaient pas du tout engagés dans une vie commune. Leurs relations tenaient exclusivement à leur métier, car ils avaient besoin l'un de l'autre pour donner des récitals à travers le monde entier.

Durant la période estivale, le grand violoniste revenait à son domaine de Villancourt, à quelques kilomètres de Québec, non loin de Boischatel. Parfois, il visitait les provinces de l'Atlantique qu'il affectionnait beaucoup, surtout l'Île-du-Prince-Édouard.

Si cette vie trépidante ne lui laissait pas le temps d'aimer, il faut tout de même dire que l'artiste ressentait en profondeur le sentiment amoureux, mais ne savait pas comment l'exprimer librement. S'il parvenait quelquefois à parler de ses ardeurs à une femme, il le faisait d'une manière assez brusque, obstinée et souvent maladroite, ce qui restait bien étonnant pour un homme de son intelligence et de sa culture.

Bien sûr, les aventures ne lui manquaient pas. Il cherchait toujours la perle rare. Difficile à trouver puisque — en réalité — elle est rare.

Maurice LeFresne était intelligent, doué, naturellement bon, dévoué et très charitable. Il avait aussi d'autres qualités sur le plan artistique. Mais il ne semblait pas savoir qu'en amour, la hâte n'est jamais la précipitation. Personne, sans doute, ne lui avait appris que la sensibilité féminine ne s'accommode pas toujours d'une assiduité persistante, indiscrète et fébrile. À ce jour, les grandes passions de Maurice LeFresne avaient été trop intempestives pour être durables, trop faciles, en quelque sorte, pour avoir laissé une empreinte dans l'âme d'une femme qu'il aurait aimée. Certes, le grand violoniste était sincère, mais sa hâte d'être aimé comme il l'aurait voulu — c'est-à-dire à sa façon à lui — désarmait tout sentiment amoureux qu'une belle aurait pu ressentir pour lui.

LeFresne consultait souvent sa vieille mère qui n'avait, au grand jamais, quitté son village de Ste-Luce-sur-Mer. Combien de fois lui avait-elle dit d'attendre de bien connaître une femme avant que de lui vouer un amour aussi violent que définitif? À son quarante-et-unième anniversaire, elle lui avait confié:

— Mon cher Maurice, la preuve de l'amour n'est pas de ressentir de l'amour pour une femme. C'est beaucoup plus de savoir si l'on pourra vivre harmonieusement avec elle et sous le même toit. C'est aussi de savoir comment laisser cet amour s'insinuer en elle, progresser, s'épanouir. Lorsqu'une femme t'aimera vraiment, mon cher fils, tu n'auras pas besoin qu'elle te le dise et surtout de la façon dont tu veux l'entendre. Non! Ça ne se passe pas comme ça! C'est plutôt comme un fluide merveilleux qui traverse les deux êtres à la fois. Ils n'ont pas besoin de se dire qu'ils s'aiment. Ils le savent jusqu'au fond de l'âme. L'amour authentique est simple d'une part, et plein de ressources d'autre part. Ce sont les plus avides d'amour qui compliquent l'amour! Bien sûr, il y a un choix à faire comme en toute chose. N'oublie pas qu'une femme restera toujours une énigme à résoudre. Je le sais! J'en suis une!

* * *

Maurice LeFresne avait écouté d'une façon distraite. Tout ce que sa mère lui disait lui apparaissait comme des conseils d'un autre âge. Sûr de lui comme violoniste de concert, il ne l'était pas du tout sur le plan social et amoureux. Il s'obstinait sans cesse à connaître l'âme et les pensées de la femme qu'il aimait pour un temps. Cela finissait par augmenter le poids réel du sentiment qu'elle aurait pu éprouver pour lui. Lorsque la ligne de flottaison était dépassée, une sorte de malaise s'introduisait alors entre lui et la femme qu'il aimait et dont il aurait aussi voulu être aimé. Maurice versait alors dans une série d'explications psychologiques aussi pénibles les unes que les autres. Pour éviter un éclatement douloureux, il préférait vivre seul et souffrir d'une peine qu'il ne reconnaissait pas avoir de lui-même déclenchée.

* * *

Au cours d'un certain été, le violoniste était seul à Villancourt. N'eût été de l'amitié réconfortante de Rachel Monnoyer, qui venait de lui adresser une longue lettre, il aurait donné prise à un mouvement dépressif. La jeune femme croyait qu'il était un bon candidat pour les effets nocifs de la mélancolie profonde, le «spleen» dont souffraient les artistes du siècle dernier.

Elle terminait ainsi sa lettre :

«Si tu veux mon conseil, mon cher Maurice, recherche le calme, examine avec sérieux ton comportement avec la femme. Ne cherche pas à tout savoir d'elle. Il est bien connu qu'une femme se livre d'elle-même, mais à son heure. Elle aime le mystère, oui, mais pourvu qu'elle en soit librement et volontairement l'objet. C'est à celui qui l'aime de faire durer ce mystère qu'elle est seule à connaître. Parle peu! Écoute beaucoup! Tu apprendras d'elle plus que tu n'en veux savoir. C'est cela le secret, mon cher grand artiste. Mon mari et mes enfants sont en bonne santé et font toute ma joie de vivre! Nous te disons tous mille bonnes choses. Au mois d'octobre, à Londres.»

* * *

Se promenant dans le parc de Villancourt, le musicien vit une jeune fille qui semblait l'attendre au tournant d'une allée bordée de merisiers. Devant son étonnement bien visible, elle se mit à rire. Maurice LeFresne se demandait sérieusement s'il vivait là un rêve. Il prit la parole un peu timidement:

— Qui êtes-vous? lui demanda-t-il.

— Croyez-le ou non, monsieur, je suis la fée de l'amour!

— Tout ce que je saurais dire, reprit le violoniste, c'est que vous tombez bien. À ce jour, je n'ai fait qu'éprouver de l'amour. Mais je n'en ai pas vraiment vécu.

— Ce doit être que vous ne savez pas comment vous y prendre.

— Et vous, laissa tomber le musicien, j'imagine que vous le savez?

— Oui, monsieur le violoniste, je le sais, tout en souriant énigmatiquement. Sachez que l'amour est tout simple! Il se fait attendre quelquefois, mais lorsqu'il est authentique, il contient assurément une part de bonheur. De plus, on peut toujours le reconnaître.

— Dites-moi, jeune et jolie fille, interrogea Maurice LeFresne, comment fait-on pour le reconnaître?

— Lorsqu'un amour est vrai, reprit-elle, il fait battre le coeur et dispose l'esprit!

— Peut-être faudrait-il le mériter?

— Pensez-vous? soupira la jeune fée. Don Juan méritait-il l'amour qu'il suscitait dans le coeur des femmes?

Le violoniste réfléchit un instant et ajouta:

— Ne risquait-il pas de décevoir mortellement? insista LeFresne.

— Il était tout à fait à votre opposé, monsieur l'artiste. Vous, vous craignez d'être déçu par l'amour, de ne pas recevoir autant que vous le désireriez. Vous voulez connaître sinon découvrir le sentiment réel et profond de la femme. Je sais que vous parlez beaucoup, mais vous écoutez peu. Pourtant, vous tenez toujours à ce que l'on vous entende.

— Je suis tout de même honnête, scanda LeFresne. Je ne dis jamais à une femme que je l'aime d'amour si cela n'est pas vrai ou bien si je ne le ressens pas vraiment !

— Je le sais, dit alors la jeune fée, mais il faut plus que cela.

— Que dois-je alors faire pour être aimé pour moi-même ?

— Rien de plus simple, monsieur, pour être aimé il faut être aimable ! C'est la pure logique ! L'amour fait tout naturellement accroître l'amabilité.

— Si je deviens amoureux, que je ressens que tout est vrai et qu'il m'est impossible de m'en détourner, je dois me déclarer, c'est bien ce que vous dites, n'est-ce pas ?

— Oui, souffla la jeune fée en le regardant au fond des yeux, mais lentement, sans pression hâtive. Il ne faut rien heurter ! Rien bousculer ! Il faut y aller avec une force tendre et persuasive tout ensemble. La femme vit de ce qu'elle espère et devine sans souvent se tromper les mouvements de son coeur.

Et la fée disparut !

\* \* \*

Les mois passèrent. Au début d'octobre, à Londres, LeFresne retrouva Rachel Monnoyer qui l'attendait, car il n'avait pas encore la composition du programme de la tournée qu'ils devaient entreprendre tous les deux. À l'issue d'une répétition, quelques jours plus tard, dans la loge de son accompagnatrice, le violoniste remarqua la photographie d'une fort jolie femme.

— Je peux voir ? demanda LeFresne.

— Je t'en prie. Si je l'ai mise là, répondit-elle, c'est justement pour qu'on la voie.

— Qu'est-ce que je lis? sursauta le musicien, c'est ta soeur!

— Mais oui! répondit Rachel. Qu'est-ce qu'il y a de si étonnant à cela?

— Tu ne m'as jamais dit que tu avais une soeur, reprit Maurice.

— Je n'en voyais pas la nécessité, fit-elle, sur un ton feignant l'indifférence.

— Mais, tout de même, ajouta Maurice, nous sommes déjà de si vieux amis que tu aurais pu me...

— Oui, coupa Rachel, très gentiment. Hilda est ma soeur. Nos parents n'ont eu que deux filles. Tu la rencontreras peut-être, à la salle Pleyel, à Paris. C'est-à-dire, dans un mois.

— À Paris? Pourquoi à Paris? demanda LeFresne, au comble de l'étonnement.

— Parce qu'elle sera là pour y donner des cours, du 8 octobre jusqu'au mois de mars prochain inclusivement.

— Vraiment! Et des cours de quoi, si je peux le savoir? insista le violoniste.

— De psychologie, mon cher Maurice, de psychologie, reprit-elle avec un sourire aux coins de ses lèvres maquillées.

Maurice LeFresne regarda longuement Rachel et passa dans sa loge tout en se demandant si la fée de l'amour n'allait pas lui jouer un tour pendable.

# L'armurier de la suette[1]

Au temps de la guerre 1914-1918 vivait un armurier qui avait fait fortune en vendant des armes légères à l'Armée canadienne. Son usine de fabrication était située entre le rang des Boivin — à Champigny — et le Chemin Sainte-Foy. À cet endroit-là précisément, le terrain avait une élévation prononcée qu'on appelait alors la pente ou «la Suette». Les paysans qui se rendaient à Sillery ou même à Québec, au grand marché Saint-Roch, devaient descendre de voiture et pousser, enfin aider les chevaux à monter cette pente. Comme ils prenaient une bonne suée à faire ce travail, le nom de «Suette» avait été donné à la pente et à l'armurier qui demeurait à l'entrée même de Sainte-Foy dans une sorte de manoir faisant l'envie des industriels ou professionnels établis aux alentours. À sa mort, son fils unique, Adrien, avait hérité de tout : argent, biens et immeubles. Bien sûr, les gens ne changèrent pas leurs habitudes et Adrien s'entendait souvent nommer Adrien «la Suette». C'est de lui dont il est question dans ce récit alors que nous le trouvons sur le point de mourir à son tour.

C'est à ce moment-là qu'il vit surgir, du fond de sa mémoire, certains péchés qu'il n'avait pas encore expiés. Son âme était bourrelée de remords. Certaines taches, ici et là, pouvaient sans doute l'exclure du royaume des Justes. De son côté, les médecins ne lui donnaient plus que trois ou quatre jours à vivre. Il fallait faire vite! Quelles étaient ces fautes qui auraient pu lui fermer les portes de la Cité heureuse?

La première : infidélité envers son épouse, la belle et douce Isodora qui ne lui avait pas donné d'enfants. La seconde : la gourmandise, car l'armurier avait un appétit tel qu'il s'empiffrait trois ou quatre fois par jour. C'est tout dire puisque son chef de cuisine en avait perdu le sommeil, inventant des recettes exclusives pour Adrien. Cette goinfrerie, bien sûr, avait fait de l'homme un obèse fini. Il pouvait à peine se retourner dans son lit.

Il n'était pas question pour lui d'entreprendre un pèlerinage d'expiation. La troisième faute : il avait pris l'épouse de son administrateur et l'avait installée dans son manoir au vu et au su de tout le monde. Quant à la belle et douce Isodora, elle avait quitté le foyer. Elle gagnait sa pitance et elle avait gardé près d'elle un jeune employé à tout faire. Celui-ci était dévoué corps et âme à celle qui l'avait toujours protégé.

* * *

Ayant appris que son mari allait mourir, Isodora fit mander le jeune Fabien. Elle lui remit une lettre qu'il devait porter à l'armurier moribond. Cette lettre contenait le pardon d'Isodora.

Chez l'armurier, la Mort approchait. Elle serrait déjà sa proie par les bras décharnés, car il faut dire que la maladie lente et cruelle avait accompli son oeuvre d'amaigrissement. Au bord du désespoir, il fit venir son administrateur et lui demanda pardon d'avoir si mal agi envers lui jusqu'à lui prendre le seul bien qu'il avait. Un peu sur le tard, il est vrai, il en fit son associé. De plus, il exigea que celui-ci retrouvât Isodora, afin de la servir fidèlement à la vie, à la mort. Puis, pour se donner bonne conscience, il céda une partie de ses biens à celle qu'il avait négligée pendant plus de dix ans, sans qu'elle n'ait jamais eu part dans les affaires de l'armurerie.

* * *

Le mal rongeait Adrien au point que ses cris s'entendaient dans tous les corridors de son vaste manoir, bien que celui-ci se trouvât fort éloigné du chemin du Roy.

Antonin, le seul conseiller qui lui restait, se tenait auprès de lui. Il avait remplacé le médecin. Ce dernier s'était déclaré impuissant à sauver la vie de son richissime client. Le pauvre malade n'osait plus demander conseil à Antonin. Il savait bien, en lui-même, qu'il n'avait ni n'aurait jamais écouté les conseils de celui-ci.

Et la Mort approchait toujours!

* * *

Se disant en lui-même que l'armurier ne devait pas mourir dans le désespoir, le vieil Antonin suggéra de recevoir le chapelain des religieuses Visitandines dont le monastère se trouvait à moins d'une lieue du village.

— Pourquoi? demanda le malade.

— Je crois, répondit le fidèle Antonin, que sa présence vous réconfortera.

— Je n'ai jamais fréquenté les gens d'église, murmura le moribond. Peut-être qu'il refusera de venir.

— Pas s'il s'agit d'un bon prêtre, monsieur. Il fera son devoir. C'est aussi simple que cela.

— Je me sens si lourd, si misérable, reprit l'armurier. Donne l'ordre à mon meilleur courrier d'aller quérir cet homme.

Lorsque le chapelain entra dans la chambre, Antonin se retira sur la pointe des pieds. Seul avec l'homme qui portait un surplis et une étole, Adrien lui demanda à qui il devait rendre des comptes.

— Au Roi des rois, monsieur, dit tout délicatement le chapelain.

— L'Être suprême, pour tout dire, fit encore Adrien dans un souffle.

— Si vous voulez! Mais ce n'est pas là une priorité parmi les titres qu'on peut lui attribuer.

— Ce serait quoi, alors?

Le chapelain répondit avec une espèce de tendresse dans la voix:

— La bonté et la miséricorde!

Au même moment, Adrien eut une faiblesse et glissa dans une sorte de coma. Prévenu par le chapelain, Antonin courut vers la chambre du médecin à l'autre bout d'un long corridor. Ce dernier vint aussitôt, mais, voyant le malade en pareil état, il déclara que c'était la fin. Tout ce que l'on pouvait faire maintenant pour l'armurier, c'était de prier. Le chapelain s'agenouilla au pied du lit à baldaquin et commença la prière des agonisants. Retrouvant un instant ses esprits, Adrien demanda au chapelain de prier Dieu d'oublier ses fautes, si cela était possible.

Le chapelain lui dit tout bas :

— Ces fautes dont vous parlez, il faudrait tout de même les désavouer, monsieur.

— Je n'ai plus la force de parler, reprit Adrien, mais c'était bien là mon intention.

— Le Ciel n'en demande pas davantage, ajouta le chapelain, en traçant le signe de la croix au-dessus du moribond.

\* \* \*

Comme dans toutes les légendes de mon pays québécois, tout finit pour le mieux. Isodora revint au manoir et prit les affaires en main. Elle fit à son mari des obsèques de première classe, comme on disait à l'époque. C'était la première fois, en trente-six ans, que le pauvre Adrien entrait dans une église. Peu après, elle fit élever, dans le cimetière de Sainte-Foy, un monument funéraire à celui qui l'avait chassée.

Après un veuvage raisonnable, elle regardait du côté du jeune Fabien. Celui-ci était devenu un fort beau jeune homme et, de plus, il avait grande allure. De son côté, l'administrateur pardonna à sa femme. L'harmonie reprenait sa place.

Mais la chose la plus étonnante encore, c'est que Fabien épousa Isodora et lui fit quatre enfants. Jusque-là, elle passait pour une femme stérile.

Quant à Antonin, il conservait toujours son emploi de conseiller.

---

(1) Nom donné à diverses maladies fébriles. Suette militaire : fièvre militaire (Dict. Robert, p. 1708).

# Le maître-sorcier

Félicien était maître-sorcier. Tout le monde disait qu'il possédait plusieurs dons. Parmi ceux-ci : ouvrir les coffres-forts des banques et des maisons.

Tous les gens, de Lévis à Saint-Damien de Bellechasse, disaient qu'il avait commencé sa triste carrière à l'âge de seize ans en délivrant un fermier, injustement condamné, et qui se mourait dans une prison de Québec.

On croyait aussi qu'il vivait des fruits de ses aventures clandestines, mais ce n'était pas là l'entière vérité. Cette histoire prouva, hors de tout doute, que la vérité était plutôt celle qu'il avoua, beaucoup plus tard, car ce fut en une circonstance où sa vie se trouvait en danger. Voici comment les choses se sont passées.

Félicien avait remarqué que la plus haute tour de la Banque Impériale — à cette époque-là — pouvait être escaladée, car les pierres formaient une sorte d'escalier qu'un homme-mouche aurait pu grimper. Félicien n'avait peut-être pas le talent d'un homme-mouche, mais il était fort et hardi. De l'idée à l'action, il n'y avait qu'un pas à franchir. Il le fit ! Échappant à toute surveillance, il escalada le mur et se rendit, tout en haut, où se trouvait la salle du conseil de la banque. Là, se trouvait le coffre-fort ainsi qu'il l'avait entendu dire dans les auberges ou les estaminets. Il l'avait déjà ouvert lorsque survinrent quatre gendarmes costauds, revolver au poing. Félicien fut appréhendé sur-le-champ. On le conduisit devant un juge de la Haute-Cour qui l'apostropha en ces termes :

— Félicien, te voilà pris ! Ce n'est pas trop tôt ! Où caches-tu le fruit de tes rapines ?

— Je ne vole pas pour moi, répondit fièrement le maître-sorcier. Tout ce que je prends, monsieur le juge, je le donne aux pauvres. Je ne garde que le nécessaire pour survivre. Il y a beaucoup de gens qui crèvent de faim dans cette région. Quant à moi, je vis dans les bois et peu me suffit. Je n'ai pas d'intentions malveillantes et j'aime servir mon prochain.

Le juge regardait Félicien tout en appuyant son gros menton sur la paume de sa main. Il réfléchissait. Tout à coup, regardant fixement l'accusé, il reprit :

— Oui ! Je comprends ! Mais tes dites bonnes actions se font aux dépens de la société. Je ne sais trop comment te punir ! Je crois que je vais te faire couper les mains ! Ainsi, nous aurons la paix !

\* \* \*

Le greffier, qui se tenait tout près du juge, se pencha et souffla quelques mots à ce dernier. Les yeux du juge brillèrent d'un étrange éclat. Après un nouveau moment de réflexion, il dit à Félicien :

— Dans les caves de ce Palais de Justice, il y a un coffre-fort qui appartient à la Cour. Seul le juge-en-chef en possède la clé. À ce jour, personne de cette région n'a pu trouver la combinaison et le juge-en-chef est en voyage en Asie. Personne n'a jamais pu ouvrir ce coffre-fort, ni le briser, ni le broyer, ni l'éventrer. Si tu peux l'ouvrir, je te donnerai la moitié de ce qu'il contient, sauf les documents confidentiels de la Cour. Es-tu d'accord ?

— Oui, monsieur le juge, fit Félicien pas trop rassuré.

— Tu devras aussi renoncer à ton métier de maître-sorcier, annonça vivement le juge.

— Oui, laissa tomber tristement le jeune homme, car, pour lui, le défi valait plus que la prise.

Le juge, le greffier, le maire de l'endroit, deux ou trois notables descendirent jusqu'à la troisième des caves. C'était très humide. De plus, on devait s'éclairer avec des torches.

En deux minutes, de ses doigts agiles, le maître-sorcier trouva la combinaison. Le coffre-fort s'ouvrit. Il contenait quantité de documents juridiques, des pièces d'or du régime français, et quelques documents qui auraient pu être compromettants pour certaines personnes.

À la manière d'un véritable prestidigitateur, Félicien retira le tout et le remit, sous les yeux de tout le monde, à l'archiviste Me Clément Ledouey.

* * *

La Cour aurait dû être satisfaite. Il n'en fut rien! Même si toutes les personnes présentes avaient cru que l'histoire finirait là, ils se trompaient. Le juge, sur un ton sévère, dit à Félicien :

— Avec ton habileté au bout de tes doigts et ton peu de scrupule, tu constitues une menace pour moi et la société. J'ai décidé que mort tu ne serais plus en état de nuire. Dans trois jours, on ne parlera plus de toi.

C'est alors qu'une femme fit son entrée dans la Cour. Elle tenait dans ses bras le fils du juge âgé de six ans. Tous ceux qui se trouvaient dans la salle du conseil fixèrent avec étonnement les yeux sur elle. Que venait-elle faire dans cette Cour? Élevant le bambin au bout de ses bras, elle dit au juge :

— Voici notre fils! Il n'a jamais marché! Si le maître-sorcier peut le guérir, lui laisserez-vous la vie?

Le juge n'eut pas besoin des conseils fusant tout autour de lui. Il accepta rapidement cette requête. Il descendit les marches du tribunal, s'approcha de Félicien et lui dit sur un ton très grave :

— Fais marcher cet enfant et tu auras la vie sauve!

Félicien demanda deux mois de grâce et permission de cueillir des herbages dans la contrée.

— Très bien, reprit le juge, mais deux mois seulement. Mes gardes t'auront à l'oeil jour et nuit.

Deux mois plus tard, Félicien avait si bien soigné l'enfant que non seulement il marchait, mais il pouvait monter à cheval et nager dans la petite rivière s'alimentant au lac Vert tout près de Saint-Damien. Le juge leva la sentence et donna de plus un beau cheval alezan à Félicien.

Le jeune maître-sorcier dressa le cheval pour les courses hippiques. Il gagna tellement de premiers prix qu'il fit fortune.

Il devint si riche qu'il en oublia son métier passionnant, voire dangereux, mais qui lui était devenu une sorte de corvée. Lorsque le greffier apprit la chose au juge, il se contenta d'afficher un sourire énigmatique. Mais le même jour, rentrant chez lui, il dit à sa femme :

Félicien est maintenant riche, dodu, paresseux ! C'est tout à fait ce que j'avais souhaité !

# Brico le chien

Louis avait environ douze ans lorsqu'il recueillit un chien errant. C'était un jeune colley qui, ayant perdu son maître, s'était réfugié à la ferme des Beaucourt, entre Champigny et Cap Rouge.

Comme Louis avait appris que les animaux ont été créés pour être au service de l'homme, il croyait que ce colley serait pour lui une sorte d'esclave à quatre pattes. Ne connaissant rien à la vie animale — et encore moins à celle des chiens — il se mit à maltraiter et à battre le chien qu'il avait nommé Brico. Il entendait que celui-ci devait lui obéir au doigt et à l'oeil. Mais cela ne se passait pas toujours comme Louis le désirait. Alors, il battait le colley au moyen d'une courroie ou même d'une chaîne de métal. Le pauvre chien tentait, le plus souvent, de se cacher sous la véranda de la maison. Alors, Louis devenait plus agressif. Il s'armait d'une longue tige de fer ou d'une branche d'arbre sèche pour déloger la pauvre bête qui ne savait plus où se terrer.

Parfois, Louis tentait de montrer à Brico le métier de chien savant, car il ne savait pas que ce n'est pas tellement dans la nature du colley qui, facile à domestiquer, ne l'est pas autant quand il s'agit d'être dressé. D'autre part, le père de Louis n'aimait pas les chiens. Il n'avait que toléré Brico jusque-là. Aussi, lorsqu'il voyait son fils battre le chien, il ne s'en mêlait pas. Le garçonnet ne donnait aucune liberté à son chien. Il le tenait constamment en laisse ou attaché à un pieu près de la maison.

Au printemps de cette année-là, la crue gonfla les eaux de la rivière Châteauvert. On aurait pu croire à une inondation inévitable. Pour se rendre au magasin général de Prosper Fisette, il fallait traverser ladite rivière. Louis s'aventura, un dimanche matin, dans une embarcation minable. Il n'avait pas fait vingt verges qu'il fit une fausse manoeuvre. Il fut projeté dans les eaux glacées de la rivière. Il poussait de grands cris en appelant au secours. En entendant crier le jeune Louis, le chien rongea sa courroie avec ses crocs. Une fois libre, il se lança du côté de la rivière en folie. Il s'y jeta hardiment.

Louis revenait à la surface pour la troisième fois. Il était littéralement glacé jusqu'aux os. Ses yeux étaient vitreux et n'avaient plus de regard. Le chien luttait lui-même contre un fort courant. Ayant saisi le jeune Louis par la manche de sa vareuse, il le ramena vers la berge. Puis, il se mit à lui lécher les mains et le cou et le visage aux fins de le ranimer. Il aboyait de toutes ses forces pour appeler quelqu'un au secours.

Brico venait de sauver la vie de son jeune et cruel maître. Sans qu'il ne put jamais l'apprendre, l'animal confirmait, par son geste courageux, deux vers de l'abbé Jacques Delisle :[1]

«Gardant du bienfait seul le doux ressentiment,
le chien lèche ma main après le châtiment.»

---

(1) Poète français (1738-1813).

# Un ministre diplomate

Dans les légendes comme dans la vie, l'exemple doit venir de haut. Les grands personnages eux-mêmes n'en sont pas exempts. Ceci se passait au temps où les ministres ou grands visiteurs étrangers se rendaient à la Vieille Capitale.

C'est ainsi qu'un ministre de la Province du Bas-Canada visita un jour la boutique d'un joaillier fort connu et dont l'établissement se trouvait tout en haut de la rue d'Artigny, à Québec. Il était accompagné de son sous-ministre, de son épouse, d'un officier de la garde et de quelques autres personnes de haute qualité. Bien sûr, quelques policiers protégeaient tout ce beau monde. Très connaisseur — du moins le croyait-il —, le ministre n'arrivait pas à se laisser séduire. Sur un nombre d'émeraudes, environ douze, il ne pouvait fixer son choix. La raison secrète, c'est que sa femme étant sur place, elle aurait choisi sans doute la plus coûteuse.

Celle-ci était trop petite, celle-là trop grande, une troisième n'était taillée à son goût. Enfin, il y avait plusieurs autres raisons. Il demandait conseil aux gens de sa suite mais personne n'osait donner son avis. Les émeraudes passaient d'une main à l'autre. Au bout d'une heure, n'ayant pu arrêter son choix, le ministre décida de rentrer chez lui. Il quitta la boutique du joaillier en disant :

— Il me reste encore un peu de temps, je reviendrai.

Le ministre n'aimait pas l'indécision. Il revint un peu triste chez lui. Il avait réuni quelques amis afin de discuter de la chose. Son épouse étant occupée à donner des ordres pour le dîner, c'était le moment rêvé pour saisir l'opinion de celui-ci ou de celle-là. Tout à coup, son maître d'hôtel se présenta en disant que le joaillier attendait dans la salle de billard en train de verser d'abondantes larmes. Le ministre le fit entrer sans délai et le pria de dire pourquoi il paraissait si bouleversé.

— Monsieur le ministre, répondit l'homme, lorsque vous m'avez honoré de votre présence dans mon humble boutique, je vous ai présenté douze émeraudes. Voilà qu'il m'en manque une, celle qui a le plus de prix.

— Alors? fit le ministre.

— Je vous implore, soupira l'homme, cette émeraude est mon plus beau joyau. Si je ne la retrouve pas, je suis ruiné.

— Tu l'as donc perdue? interrogea le ministre.

— Non! monsieur le ministre. Je crois plutôt qu'on me l'a volée.

— Tu soupçonnes quelqu'un de ma suite? reprit le ministre en fronçant les sourcils.

— Hélas, monsieur! Tous vos gens ont eu les émeraudes en main. Je ne voudrais pas vous offenser, mais le problème demeure.

— Alors, parle! Maintenant, il faut que tu parles. L'affaire me paraît très grave.

— Mais vous-même, monsieur le ministre, déclara le joaillier, vous avez tenu la Florencia dans vos propres mains.

— La Florencia? Qu'est-ce que c'est que ça? demanda le ministre.

— C'est le nom de cette émeraude. C'est la plus rare au monde. Elle est absolument unique, monsieur le ministre.

— Si rare que ça, dis-tu? Comment se fait-il que toi, joaillier à Québec, tu sois en train de me dire qu'on te l'a volée?

— Elle vient du Népal, monsieur le ministre. Elle appartenait au prince Amsuravam, fondateur d'un dynastie qui régnait sur le pays. Un jour, il dut la vendre pour des raisons que j'ignore. Je l'ai donc acquise, il y a plus de dix ans, et il m'en a coûté deux mille livres anglaises pour l'obtenir. Depuis cette époque, je me suis rendu compte qu'elle portait chance, reprit le joaillier qui n'était pas mauvais vendeur.

— Très bien, dit le ministre. As-tu un grand seau à ta boutique?

— Oui, monsieur! Bien sûr!

— Eh bien, reprit le ministre, tu vas le remplir de sable. Demain, je serai là avec tous mes gens. Tous ceux qui m'accompagnaient hier. Il n'en manquera pas un seul. Nous allons tous plonger notre main droite dans le sable. Si l'émeraude n'est pas là lorsque tu verseras le sable sur la table, je t'achèterai tout ce que tu possèdes.

Le joaillier n'en demandait pas davantage. Il accepta le marché.

Le lendemain, le ministre se présenta avec le même groupe de gens que la veille. Donnant l'exemple, le ministre plongea sa main droite dans le sable dont le seau était plein. Tous les autres en firent autant. Lorsque le joaillier, à la demande du ministre, versa le sable sur la table, l'émeraude apparut comme par magie.

— Es-tu satisfait, joaillier? dit alors le ministre.

— Vous êtes bon et généreux en votre sagesse, dit le bonhomme qui semblait se défendre de sourire.

— Je vous la laisse, monsieur le ministre. Votre geste m'a bouleversé et je n'oserais pas concevoir qu'elle m'apporte le moindre profit.

— Je ne saurais verser plus de cinq cents livres anglaises.

— Elle est à vous, monsieur le ministre. Qu'elle vous apporte la chance qu'on lui prête. Marché conclu.

* * *

Un an plus tard, l'épouse du ministre accoucha de deux fort jolies jumelles. Le ministre se demanda si c'était là la chance souhaitée par le joaillier. Pourquoi ne pas le lui demander? Mais on lui apprit que celui-ci avait quitté le pays. D'autre part, on ne sut jamais qui avait dérobé l'émeraude lors de la première visite chez le joaillier.

Le ministre venait de déployer là une belle pièce de diplomatie.

# La malchance

Dans tout ouvrage de légendes digne de ce nom, il y a un personnage qui donne son âme au Diable. Plus tard, viennent les regrets puis, les remords. Il se peut que le Diable ait gain de cause à la fin, mais pas toujours.

Le rang Saint-Ange, de l'Ancienne Lorette, à l'époque de mon enfance, n'échappe pas à la règle. Selon une tradition — peut-être n'est-ce qu'une légende — Cyprien Lecours, un manoeuvre du village même, vécut une aventure peu ordinaire.

Tout commença par une série de malheurs qui s'abattirent sur le pauvre homme. Premièrement, sa femme de trente-six ans mourut d'une maladie mystérieuse que la Faculté de Médecine avait qualifié d'intoxication de l'urée, bref une crise d'urémie. À cette époque-là, on en mourait. Les médecins ne se trompaient pas en faisant pareille déclaration au certificat de décès. La pauvre Euphémie fut emportée en moins d'un mois. Sa femme étant originaire de Saint-Augustin, elle fut enterrée dans le terrain de sa famille. Durant l'absence de Cyprien, des bandits bien organisés vidèrent sa maison tout au bout du rang Saint-Ange. Lorsqu'il rentra des funérailles, il ne restait plus un seul meuble dans la place. Les truands avaient même volé les outils dont il se servait pour exercer divers métiers d'homme à tout faire. Neuf jours plus tard, se rendant à la messe dans un petit cabriolet démodé, son cheval fut piqué à l'oeil droit par une abeille. Il prit le mors aux dents. Après avoir fait un écart en arrière, il se lança, crinière au vent, sur la route étroite du «trécarré» aux limites de Saint-Gérard. Ne pouvant plus le contrôler, Cyprien fut projeté contre le garde-fou d'un ponceau. Il s'en tira avec une épaule disloquée et une cheville fracturée. Cet accident lui valut deux mois d'hospitalisation à l'Hôtel-Dieu de Québec. Cet accident lui survint exactement huit jours après s'être vu embauché par un entrepreneur de Saint-Casimir du comté de Portneuf. C'en était trop !

Quelque temps après avoir quitté l'hôpital, il fut atteint d'une crise douloureuse de zona. Il ne savait plus où se jeter.

Cette éruption violente disposée sur le trajet des nerfs sensitifs le rendait à demi-fou. Étant veuf depuis peu de temps, il n'osait demander de l'aide à quelque femme du village. C'eût été fort mal vu à l'époque. Pourtant, il avait besoin d'une présence. Nul ne s'offrait, d'autre part, à lui rendre service, car tous les gens croyaient que le zona était une maladie contagieuse, ce qui n'était pas prouvé. Cyprien se rendit chez le curé Sigismond Tousignant aux fins de lui raconter ses malheurs successifs. Le bon prêtre lui raconta l'histoire du saint homme Job dans sa misère et ses pleurs. Le curé ajoutait pieusement :

«Le saint homme se trouva galeux assis sur un tas de fumier tandis que sa femme lui demandait, à pleins poumons, de quel crime il s'était rendu coupable pour avoir à subir ce châtiment de Dieu. Vous n'êtes pas sur un tas de fumier que je sache. Et comme votre chère femme est décédée dernièrement, elle ne vous fait aucun reproche. Maintenant, il faut prier ! C'est tout ce qui vous reste à faire !»

Cyprien rentra chez lui la mort dans l'âme. La même nuit, l'incendie se déclara au deuxième étage. Le pauvre homme s'était endormi avec une cigarette à la main. C'est ce que les gens ont prétendu à ce moment-là. Cyprien avait eu beaucoup de mal à échapper aux flammes. Il était brûlé au visage et aux mains. Là, c'était plus que trop !

Réfléchissant à son incroyable malchance, Cyprien se dit en lui-même qu'avant de se retrouver sur un tas de fumier et rempli de maux, il ferait sans doute mieux de s'adresser à l'auteur du Mal lui-même. Il n'avait pas encore fini de songer à cela que le Diable en personne se présenta à lui sous le déguisement d'un magicien de vaudeville. Il tenait dans ses mains une feuille de papier-contrat et une plume de feu.

— Ne crains rien, dit tout à coup le Diable. Tes malheurs ne viennent pas de moi! Ils te sont envoyés à titre d'épreuve affirme ton curé! Je le connais, c'est une vieille barde!, déclara le Prince du mensonge. Si tu me vends ton âme, je te redonne tout ce que tu as perdu.

— Même mon Euphémie? soupira le pauvre homme.

— Non! Euphémie, c'est autre chose! Je ne sais pas où elle est actuellement, mais je peux t'assurer qu'elle n'est pas chez moi. Ce devait être une dévote! Oublie-la! J'ai mieux que ça pour toi! Tu oublieras Euphémie plus vite que tu ne le penses.

— Qui? s'exclama Cyprien.

— Tout arrive en son temps, répliqua le Diable. Signe ici! Tu ne le regretteras pas!

\* \* \*

Cyprien se disait que rien ne pouvait aller plus mal que ce qu'il avait déjà vu depuis la mort de sa chère épouse. Il signa d'une main tout de même un peu tremblante.

Cinq jours plus tard, il était embauché comme manœuvre de première classe. Il se montra tellement efficace sur le chantier que le contremaître en fit son adjoint. Il commandait à une bonne dizaine de menuisiers et de charpentiers apprentis, lui qui n'avait jamais suivi de cours en la matière. À quelque temps de là, un entrepreneur du nom de Tellier-Lambris l'invita, comme ça, sans façon, à dîner chez lui, en vue de lui présenter sa fille Valérie.

Celle-ci fut tout de suite charmée par l'allure du jeune veuf. Elle ne mit que deux mois à faire sa conquête. Cyprien oublia sa chère Euphémie dormant à l'ombre du clocher de Saint-Augustin. Les choses, il faut bien le dire, se précipitèrent. Deux mois plus tard, le mariage fut célébré dans la chapelle d'un couvent qui vivait des largesses de monsieur Tellier-Lambris.

Tout ce que Cyprien touchait devenait bénéfique en peu de temps. À la mort de son beau-père, il partagea l'héritage avec Valérie qui l'aimait comme une folle. Tout allait pour le mieux dans le meilleur des mondes.

Tout de même, Valérie se rendit compte que son mari ne pratiquait aucune sorte de religion depuis le lendemain de son mariage. Lorsqu'elle s'aventurait à lui parler des choses de Dieu, il répondait systématiquement :

— Tout cela, Valérie, c'est de la bouillie pour les chats !

Une seule pensée hantait l'esprit de Cyprien. Il se demandait pourquoi Valérie ne lui donnait pas d'enfant, pas plus que ne l'avait fait Euphémie, pourtant si portée sur la chose. D'autre part, il ne se hâtait pas de consulter un médecin à ce sujet-là. Ainsi, le problème demeurait tout entier, car il n'osait interroger ni Dieu ni Diable.

Il filait depuis dix ans un bonheur presque parfait lorsque, par un jour d'orage, il fut frappé à la tête par une énorme branche d'arbre arrachée par le vent. On le transporta à son domicile non loin du rang où passait la rivière Châteauvert dans le très ancien rang de Champigny. C'était le plus joli domaine de l'endroit sous la garde des hauts pins qui entouraient le jardin depuis la première génération des Tellier-Lambris. Appelé d'urgence, le médecin constata une fracture du crâne et ne laissa aucun espoir à Valérie.

* * *

Cyprien était fort agité. Il passait des nuits à délirer. Lorsqu'il lui arrivait de retrouver ses esprits, il se tordait en tous sens sur sa couche dont les draps blancs étaient fanés. Il poussait des cris de rage. Il portait ses deux mains à sa poitrine et criait :

— Non ! Non ! Ce n'est plus possible ! Il est trop tard !

La jeune et douce Valérie ne pouvait rien pour lui. Elle suppliait le ciel d'intervenir. Elle était inquiète pour le salut éternel de son mari qu'elle aimait tant. Elle priait sans cesse sans voir le résultat de ses fervents appels aux saints dont elle avait appris le nom à l'école du rang. À bout de paroles et d'idées, elle fit promesse d'accomplir un pèlerinage au tombeau de la Sœur Catherine de Saint-Augustin (aujourd'hui vénérable) à l'Hôtel-Dieu de Québec.

Elle tenait à savoir ce qui torturait ainsi l'homme de son coeur. Trois jours plus tard, Cyprien devint plus calme. Il était plus lucide aussi. Non sans difficulté, il réussit à raconter tout son passé à Valérie. La jeune épouse n'en croyait pas ses oreilles. Elle ne pouvait croire que Cyprien avait vendu son âme au Diable. Pire encore, il avouait à sa jeune femme qu'il voulait prier mais que le Diable l'en empêchait en le serrant à la gorge. Parfois, il croyait mourir d'une minute à l'autre. Se tournant du côté droit pour la première fois depuis son accident, il dit à Valérie :

— Je te le jure, ma douce amie, il me présente le contrat que j'ai si bêtement signé pour sortir de mes malheurs. Il exige que je respecte ma signature et que je sois à lui.

— Cela ne se passera pas comme ça, lança la jeune femme qui retrouvait assez de force pour être agressive. Je vais faire chanter des messes et prier le curé d'Ars qui a eu maille à partir avec le Diable lui aussi, c'est bien connu. Il viendra te secourir, car les grands pécheurs, c'était sa spécialité, ai-je lu dans un livre que l'on m'a donné lorsque je marchais au petit catéchisme. Essaie de dormir. Je reste auprès de toi.

\* \* \*

La nuit suivante, Cyprien fut trois fois plus agité. Il était secoué par de violents frissons tout en suant à grosses gouttes. Il se tournait en tous sens en prononçant des mots ou des phrases incohérentes. On l'entendait même vociférer des jurons effroyables. Tout cela devenait intenable pour la jeune Valérie.

Enfin, le sixième jour, à dix-huit heures exactement, Cyprien fit un bond dans son lit, ouvrit ou plutôt écarquilla les yeux, fixa longuement le crucifix apposé au mur de la chambre.

Puis, apaisé tout à fait, il regarda Valérie en souriant et expira dans le calme le plus total. Son sourire demeura figé sur ses lèvres.

C'est alors que se levant pour la première fois depuis deux heures qu'elle était à genoux, Valérie fut grandement étonnée de trouver au pied du lit une étole violette.

Personne n'était entré dans la chambre depuis la veille!

# Une histoire menue

Les gens d'aujourd'hui ne se souviennent pas du petit hameau de Lunelle à quelque distance de la Baie-du-Fèvre que l'on trouvait — à cette époque lointaine — après avoir quitté Ville Saint-Pierre. Il y avait là, vers 1887, une quarantaine de familles catholiques. C'était en fait si minuscule que nos arrière-grands-parents, se rendant à cet endroit pour affaires, disaient qu'ils allaient à la petite baie.

Tous les villageois et quelques fermiers devaient se rendre soit à Beaconsfield ou à Saint-Porphyre. Quelques-uns poursuivaient jusqu'à Pointe-Claire afin de visiter des parents et accomplir leur devoir de religion.

L'hiver, cette démarche devenait une véritable corvée. Les chemins n'étaient pas ouverts. La population se trouvait souvent isolée pendant plusieurs jours. La situation devenait de plus en plus grave, car il n'y avait ni médecin ni vétérinaire à cet endroit peu connu. Plusieurs personnes du hameau de Lunelle étaient mortes sans obtenir les secours de la médecine et de la religion. Le maire de Lunelle, Georges Hardouey, forgeron de son métier, avait écrit à Monseigneur l'Évêque du diocèse aux fins d'obtenir un prêtre qui viendrait confesser, une fois par mois et, par la même occasion, dirait la messe. L'évêque se disait dans l'impossibilité de faire quoi que ce fût sans la construction d'une église à Lunelle.

Georges Hardouey décida ses conseillers à bâtir une chapelle, afin de montrer aux autorités diocésaines la bonne volonté des gens du hameau. Le travail fut terminé assez rapidement, car tous étaient convaincus que la chapelle étant debout, le curé viendrait plus rapidement. Le maire écrivit encore une fois à Monseigneur l'évêque lui disant que la chapelle était là «avec une belle croix et un coq sur le pignon». Il ajoutait :

— Nous avons maintenant une chapelle. Votre Grandeur aura-t-elle la générosité de nous donner un curé?

Pour l'évêque, ce n'était pas aussi simple que cela. Bien que beaucoup de jeunes gens, à cette époque, se tournaient vers le sacerdoce, il fallait tout d'abord songer aux grandes villes regorgeant de citoyens exposés à de graves dangers ainsi que trop souvent portés à négliger les préceptes les plus sacrés, comme la messe dominicale.

D'autre part, à Lunelle, il y avait quarante familles livrées à la solitude dont on sait qu'elle est un germe puissant de désordres variés, quand ce n'est pas la déchéance à court terme.

Même si la chapelle était déjà construite, grâce aux gens de Lunelle, et que cette chapelle ne demandait qu'à être bénite, Monseigneur l'Évêque dut se résigner à ouvrir une simple desserte à Saint-Gontran, l'endroit le plus près du hameau de la Lunelle.

Le maire Georges Hardouey ne fut pas satisfait de cette réponse. Il réunit le conseil minuscule de la minuscule Lunelle. Tous étaient d'accord de faire une mise en demeure à Monseigneur l'Évêque. Il était le maître-d'oeuvre de la proposition à faire aux autorités du diocèse. Si l'évêque ne leur donnait pas un curé, ils deviendraient tous «protestants». Ce marché, pour le moins bizarre, ne plut pas à tout le monde. Dix familles décidèrent de chercher refuge ailleurs. Sur celles qui restaient, plusieurs menaçaient d'être désunies, car un bon nombre de femmes disaient qu'elles allaient quitter leurs maris s'ils adhéraient à cette proposition.

Lactance Hardouey, le frère de Georges, et qui était vicaire à Ville Saint-Pierre, tenta en vain de convaincre son frère de renoncer à cette folie. Impossible! Georges était buté! Comme une pierre, il restait où il était tombé. Il dut se résigner à vivre sans curé. Il abandonna toute pratique religieuse et se mit à boire. Il croyait que l'alcool fait oublier les déceptions. Il se trompait!

Mais l'hiver qui vint fut plus rigoureux que jamais auparavant. Entre-temps, son frère Lactance avait été nommé curé de Baie-du-Fèvre. Pour l'hiver, Georges offrit au jeune curé un traîneau tiré par une meute de huit chiens esquimaux, pour se rendre à Saint-Gontran où il disait la messe vers midi. Il allait être récompensé de cette bonne action.

Un dimanche après-midi, en novembre 1892, il fit une crise cardiaque dont il n'allait pas se relever. Son frère Lactance, rentrant de Saint-Gontran, le vit mourir dans ses bras. Par le plus curieux des hasards, c'était le jour même de l'anniversaire de ce terrible têtu. Mais ce dernier avait eu le temps de se réconcilier avec Dieu et les hommes et de faire amende honorable devant toutes les personnes présentes.

Les âmes pieuses du petit hameau virent là un cadeau personnel de saint Georges, le patron du maire.

Deux ans plus tard, un grand feu de forêt s'étendit jusqu'au-delà de Lunelle. Tout fut détruit! Il n'en resta, selon les anciens, que cette histoire menue.

# Maryse Ardouin

À l'époque de ma jeunesse, personne n'aurait osé croire qu'il existait encore des sorcières et, surtout, qu'elles auraient choisi le rang de la vieille église désaffectée — en aval de l'Ancienne Lorette — pour s'y installer à demeure.

Pourtant, l'une de mes tantes, Maryse Ardouin, a juré en avoir connu une qui jetait des sorts aux fermiers et gens de l'endroit. La nouvelle s'était vite propagée dans les environs. Nul ne s'aventurait près des ruines de l'église fort endommagée par un incendie quinze ans plutôt.

Le bedeau, qui avait refusé de croire à la présence des sorcières, se moquant même de ceux qui y croyaient, avait perdu tous ses cheveux en une seule nuit. Le front et la tête dénudés, il s'était présenté ainsi pour servir la messe du curé William Lessard. Il n'en fallait pas plus pour que les gens lui collent le sobriquet de «chauve de la sorcière».

Un fermier, qui avait juré de déloger lui-même les sorcières, trouva six de ses animaux morts dans l'étable le lendemain même de sa menace. C'était l'automne. Les vacanciers étaient partis. Les autres demeuraient perplexes.

Quant au curé du village, orateur sacré de talent (il était question qu'il devienne le Grand Vicaire du diocèse), il déclara, un beau dimanche matin, en pleine chaire, qu'il allait exorciser les sorcières et en débarrasser les ruines de la vieille église. Dans sa pensée, la chose devait se faire dans les meilleurs délais. Le dimanche suivant, comme il se préparait à stimuler ses paroissiens, aux fins de leur infuser un peu plus d'ardeur, il se rendit compte qu'il était devenu muet. Pour les commères, c'était là un châtiment de Dieu car, pour elles, le curé était trop fier de son talent d'orateur. Tout le monde fut alors bouleversé. Les villageois se taisaient par crainte de subir les foudres des sorcières. On se méfiait des mots et même de pensées secrètes.

\* \* \*

Maryse Ardouin ne parlait pas mais elle réfléchissait depuis longtemps. Elle se disait qu'il s'agissait là d'une âme en peine venant hanter les lieux et tentant de communiquer avec les gens qu'elle avait sans doute connus, ou bien, ce qui lui semblait plus plausible, avec leurs descendants. Mais l'accueil n'étant pas suffisant, même inefficace, cette âme désespérée se vengeait peut-être en jetant des sorts à ceux-ci ou à celles-là.

La dernière en lice fut l'organiste Sylvie Templeton. La pauvre fille avait osé dire en public, au magasin général du village, que lesdites sorcières n'étaient pas autre chose que des membres d'une organisation malfaisante. Elle avait même ajouté que si la police venait à s'en mêler un jour, on finirait par se débarrasser en démasquant ces sorcières qui, pour elle, étaient des femmes frustrées et vindicatives. Dès le lendemain, la pauvre Templeton ne pouvait plus toucher l'orgue. Elle ne savait plus une note. Du coup, le curé lui-même crut aux sorcières et cessa de vouloir les exorciser. Il en avait eu pour son compte.

C'est à ce moment précis que Maryse Ardouin, ma tante, décida d'aller seule aux ruines. Elle voulait tenter l'impossible pour en arriver à démêler l'écheveau de ce mystère.

Après avoir prié saint Georges, vainqueur du dragon, elle marcha d'un pas alerte vers les ruines. À une faible distance de son but, elle s'arrêta un moment et cette fois-là, elle pria avec ferveur saint Loup (on l'invoque contre la peur), puis s'engagea au milieu de hautes herbes. Il y avait aussi de la pierraille. C'était au soleil couchant, et des lueurs rougeâtres illuminaient un long mur au pied duquel on pouvait encore voir la porte vermoulue de l'église. Des lierres en fermaient l'entrée. Quelle ne fut pas la surprise de l'aventureuse Maryse Ardouin lorsqu'elle aperçut une jeune fille assez grande, les joues pâles, les yeux noirs, les cheveux d'ébène couvrant presque tout son corps. Ses yeux brillaient comme des éclairs. C'est à ce seul signe que l'on pouvait croire qu'elle était vivante.

Justement, racontait ma tante, la jeune fille lui faisait un geste; elle lui demandait d'avancer vers elle. Maryse, à ce geste gracieux de sa main, se sentit rassurée. La jeune fille, pour sa part, semblait douce et remarquablement belle. Il y avait là une grosse pierre recouverte de mousse verte. Cet être, que l'on aurait pris pour un fantôme ou un esprit, avait la voix dolente et presque suppliante. Elle pria Maryse Ardouin de s'asseoir et de l'écouter. Une fois à son aise, la jeune fille raconta cette histoire:

— Je ne suis pas une sorcière. Je suis l'âme même de Roseline Pégouard. Je suis morte depuis plus de soixante ans. Je dors de mon dernier sommeil à l'ombre de la croix du cimetière de l'Ancienne Lorette. Va Maryse! Je t'attendrai ici, dans trois jours, à la même heure.

— Vous me connaissez donc? s'étonna Maryse Ardouin.

— Oui! Je sais que tu pries, chaque soir, pour les âmes qui ne peuvent entrer au paradis sans une preuve de leur bonne conduite sur la terre.

— Je ne comprends pas! fit alors Maryse.

— Écoute-moi, reprit la jeune fille pâle. J'ai été accusée d'avoir porté un enfant sans que je fusse mariée. À l'époque, cette accusation — même fausse — ne se pardonnait pas facilement. Elle fut portée contre moi par le fils du notaire Vaugeois à qui j'avais refusé mes faveurs. Je fus chassée par les villageois que l'on avait montés contre moi. Je n'ai pu trouver refuge que chez les Trappistines de Saint-Romuald, près de Lévis. Lorsque je rendis mon âme à Dieu dans ce couvent, je n'avais pu obtenir la preuve de mon innocence. L'apôtre Pierre ne m'a pas cru. Pourtant, chez les soeurs, j'avais expié de mille façons une faute que je n'avais pas commise.

— Mais où êtes-vous donc? interrogea Maryse de plus en plus étonnée.

— Ne t'inquiète pas de cela. Je te le jure, Maryse, je ne jette pas de sort aux gens. Il y en a qui parlent de souvenirs qui ne sont même pas les leurs.

— De qui s'agit-il? demanda alors Maryse Ardouin.

— Je ne donnerai pas de nom. Ils ne savent pas et ils parlent comme mon accusateur d'autrefois. Je ne sais pas qui les punit mais ce n'est pas moi.

— Mais comment prouver ton innocence? insinua Maryse qui commençait à plaindre cette jeune fille pâle presque exsangue.

La jeune fille répondit lentement de sa voix un peu plus chaleureuse :

— Avant de mourir, mon accusateur laissa une lettre avouant ses torts. Elle se trouve actuellement entre les mains de sa mère, Marie-Hélène Vaugeois. Cette lettre expliquait l'égarement de mon accusateur et sa méchanceté.

— Mais cette femme a maintenant quatre-vingt-huit ans, s'écria Maryse. Comment pourrais-je?...

— Elle trouvera cette lettre dans le bahut de la salle à manger. Elle est cachée dans un tiroir à double fond, du côté droit de ce bahut. Va Maryse! Si, par ce moyen, tu m'innocentes, je t'aiderai dans toutes les difficultés de ta vie.

\* \* \*

Maryse fit exactement ce qu'on lui avait demandé. La mère Vaugeois, comme on l'appelait alors, trouva la lettre et la donna tout simplement à Maryse. Trois jours plus tard, la jeune messagère remit la lettre à la jeune fille pâle et comme retenue par les lierres grimpant au mur de l'église en ruines. Au même moment, la jeune fille embrassa la main de Maryse et disparut en lui disant que l'apôtre Pierre aurait maintenant la preuve qu'il exigeait. Maryse Ardouin passa la nuit à méditer sur l'invraisemblance de cette aventure qu'elle avait pourtant vécue. Elle ne rentra au village que le lendemain pour constater que l'organiste avait recouvré son talent, que le curé Lessard discourait comme un Bossuet et que le bedeau avait tous ses cheveux

Si je ne tenais ce récit de ma propre tante Maryse, je ferais exactement comme vous, je ne le croirais pas. Mais encore : légende ou réalité ? Qui pourrait — comme dans la vie ordinaire — découvrir ou discerner le vrai du faux ?...

# Le magnat sans coeur

Il existe tout de même des récits plus fantastiques les uns que les autres. L'un de mes parents, qui habitait Bel-Air, à quelque deux kilomètres environ de l'Ancienne Lorette, m'a raconté celui-ci. Il est assez exact, si l'on admet au départ que j'ai bonne mémoire.

Le fils d'un magnat du bois de toute la région vint au monde sourd et muet. Ce fut la désolation au manoir de Neuville, une maison qu'il s'était fait construire un an plus tôt, justement pour cet héritier qui allait venir. Le magnat fit porter la cause de cette infirmité sur sa jeune femme. Il lui affirmait qu'il devait y avoir quelqu'un, dans la famille de cette dernière, affligé d'une tare héréditaire. La jeune femme avoua que son arrière-grand-père avait perdu l'usage de la parole à la suite d'un tremblement de terre qui avait secoué Lévis, Saint-David, Beaumont, Bel-Air et toute une partie du comté de Portneuf et Neuville. Mais il y avait de cela plus de cinquante ans. Pour la jeune femme, l'hérédité ne pouvait jouer aucun rôle dans cet accident de la nature.

L'homme d'affaires ne voulut rien entendre. Il chassa la femme et l'enfant. Il leur interdit même de paraître à Neuville. Elle pourrait revenir avec le jeune Aubert — c'était le nom qu'il avait reçu au baptême — que lorsque l'enfant parlerait. Cependant, il offrit à la jeune femme une somme d'argent suffisante et un maître-d'armes qui devait protéger la mère et l'enfant.

* * *

Le jeune homme se comportait avec la jeune répudiée qu'il protégeait comme si elle eût été sa propre soeur. Ce n'était pas que la douce et jolie femme le laissât indifférent. Bien au contraire! Mais il avait juré de la défendre contre tous les dangers, même le pire, qui eût été celui de la séduire ne fût-ce qu'une fois. Ils voyagèrent ainsi pendant plusieurs années. L'enfant était fort et beau, malgré le mal dont il était toujours affligé. Il attirait l'attention de tous tant ses yeux mordorés étaient ravissants, sa taille fine et son allure presque chevaleresque.

Lorsque l'argent fut épuisé, le jeune homme se fit maréchal-ferrant, un métier qu'il ne connaissait pas beaucoup, bien qu'il ait eu à «bouchonner» les chevaux chez son ancien maître. Il ouvrit une petite forge au bord de la route allant vers les Grondines. Il fit tant et si bien qu'il en arriva à gagner sa vie et celle de la jeune femme et de l'enfant. Celui-ci venait d'atteindre sa quinzième année. Rien ne laissait prévoir qu'il pourrait un jour recouvrer l'usage de l'ouïe et de la parole. Cependant, la mère et le maître-d'armes se rendaient compte que l'enfant apprenait tout d'instinct. D'autre part, il était grand pour son âge et doué d'une force peu commune. Il avait appris à vivre en forêt, à domestiquer certaines bêtes dont un cerf géant.

La jeune femme, qui était croyante, ne cessait d'implorer le Seigneur, dont la seule puissance et la seule volonté pouvaient guérir son fils de cette cruelle infirmité. Si la forge de celui qui la protégeait se trouvait au bord de la route, la jeune femme vivait avec son fils dans une petite maison à flanc de montagne. Un jour, pourtant, la jeune maman descendit au village et entra dans l'église des Grondines avec son fils et son maître-d'armes. L'histoire était connue de tous, bien sûr. On disait que le jeune homme était l'amant de la jeune dame de Neuville, répudiée par son mari. Les gens se comprenaient du regard seulement. Personne n'osait ouvrir la bouche sur cette situation qui leur paraissait à la fois bizarre et anormale.

Ce jour-là, la jeune femme entendit la parole d'un Prémontré venu prêcher dans ce coin perdu. À l'issue de l'office religieux, elle vint trouver le vieux moine, dans une allée du presbytère où il s'était réfugié pour terminer ses prières conventuelles. Elle lui présenta son fils Aubert en lui disant qu'il était né sourd et muet et que c'était la raison pour laquelle son mari les avait chassés tous les deux de sa présence.

Le moine réfléchissait. Au bout d'un moment, il bénit la femme et l'enfant. Il ajouta :

— Femme, ton fils parlera et entendra lorsque tu l'auras consacré à Dieu.

Puis, il la quitta brusquement! Il avait l'air d'un thaumaturge dans sa cagoule blanche qui volait au souffle de la brise matinale.

\* \* \*

La jeune femme — il faut bien le dire — n'avait pas vieilli depuis qu'elle avait dû quitter Neuville. Les années passaient sans rien changer à son allure physique. Bien sûr, elle avait les traits un peu tirés. Elle avait eu tant de peine et versé tant de larmes. Le maître-d'armes devenu forgeron n'avait pas été sans remarquer ce qu'il appelait, dans son for intérieur, un miracle de la nature. Quant à lui, lorsqu'il se regardait dans une glace, il se rendait compte que ses cheveux grisonnaient déjà.

\* \* \*

Il est bien certain que la jeune femme n'avait pas à prendre conseil de son fidèle ami, de celui qui l'avait aidée depuis si longtemps à supporter son malheur. Mais elle avait tellement confiance en lui qu'elle lui avoua le conseil que lui avait fait le Prémontré. Étonné, le confident répondit :

— Madame, qui suis-je pour vous conseiller? Aubert est votre fils et non le mien! Je constate qu'il est prédestiné comme vous l'êtes, madame! Vous n'avez pas changé depuis presque vingt ans! Il y a quelque chose de quasi providentiel en tout ceci. Voilà bien, madame, tout ce que je peux vous dire!

Les paroles du compagnon fidèle n'étaient pas un conseil, mais révélaient plutôt un pressentiment. C'en fut assez pour que la mère conduisît son fils à l'abbaye cistercienne d'Oka. Il y fit toutes ses études. Il fut admis aux ordres mineurs et finalement à la prêtrise.

Quel ne fut pas l'étonnement de l'Abbé et de tous les moines le jour de l'ordination d'Aubert. Il se mit à parler et même à chanter au Choeur. Ceci était survenu au moment même du *Tu es sacerdos in aeternum*[1].

Trop prudent pour crier au miracle, l'Abbé annonça tout de même qu'il chanterait une messe votive pour remercier le Seigneur si généreux en ses dons. Puis, on vit, par la suite, que le Seigneur avait été plus loin qu'on aurait pu l'imaginer.

Ce don de la parole était aussi celui de l'éloquence. Le jeune Aubert avait pris le nom d'Étienne en religion. Il désirait se mettre sous la protection d'un grand cistercien, saint Étienne Harding.[2]

La réputation du jeune moine s'étendit un peu partout, à un point tel que l'évêque du diocèse pria l'Abbé de lui prêter le Père Étienne pour un certain temps, car il avait formé le voeu de le faire entendre non seulement à l'abbaye, mais aussi dans les paroisses. C'était une demande exceptionnelle, pour l'époque. L'Abbé y consentit pour la gloire de Dieu, bien sûr! D'ailleurs, avait ajouté l'évêque dans un sourire quelque peu malicieux :

— Le Père Étienne ne saurait utiliser un tel talent pour convertir des cisterciens.

Le jeune moine fut autorisé à prendre sa mère avec lui ainsi que celui qui lui avait servi de père jusqu'à ce jour.

* * *

Un jour que le jeune prêtre prêchait à Neuville, le magnat du bois voulut recevoir chez lui le prédicateur et ceux qui l'accompagnaient. C'est alors que le jeune moine fit avancer sa mère à qui le Maître du monde avait conservé toute sa beauté et tout l'éclat de sa jeunesse. Le magnat sentit son sang se geler littéralement dans ses veines en reconnaissant celle qu'il avait chassée. Lorsqu'il reprit ses sens et la parole, il demanda à voir le maître-d'armes. Le jeune moine répondit pour sa mère :

— L'homme dont vous parlez, monsieur, le voici, c'est mon père adoptif.

Le magnat bondit comme un ressort et exigea des explications. Aussi demandait-il des nouvelles de son fils. Sa femme regardait le Père Étienne qui souriait doucement.

— Il est ici votre fils et vous ne le reconnaissez même pas! C'est le Père Étienne que vous avez convoqué pour l'entendre.

— Comment! Il entend et il parle! murmura le magnat abasourdi.

— Oui, monsieur, reprit l'épouse courageuse. Il a recouvré l'ouïe et la parole le jour même de son ordination à l'abbaye d'Oka.

— Mais, madame, reprit le magnat sur un ton de reproche, vous n'aviez pas le droit. C'est mon seul héritier et vous en avez fait un simple moine.

Ce fut le Père Étienne qui prit alors la parole:

— Monsieur, je ne suis ici que pour un jour. J'ai reçu un mandat que je dois accomplir. C'est un voeu de l'évêque! Je dois adresser la parole dans une très grande partie des paroisses du Québec. Je renonce à mon héritage. Donnez-le aux pauvres, ils en ont plus besoin que moi. Ou bien, offrez-le à mes cousins Mathieu et Simon. Ils sauront s'en servir, eux qui n'ont jamais connu la richesse.

\* \* \*

Confondu, le magnat ne trouva plus rien à dire. Il offrit une rente viagère à celui qui avait protégé son épouse et son fils. Il supplia la jeune femme de rester. Ce qu'elle refusa, en disant qu'elle entrait au couvent, non pas comme religieuse, mais plutôt comme recluse. D'ailleurs, sa soeur unique était l'Abbesse de ce couvent, à Saint-Romuald, près de Lévis.

Le magnat devint mélancolique par la suite. Il confia ses affaires aux cousins Mathieu et Simon qui les firent progresser au maximum. Quant au Père Étienne, il renonça même à la renommée, déclina l'honneur d'être nommé évêque. Il retourna au monastère cistercien d'où il était sorti pour peu de temps. Un nouvel Abbé avait été élu. Il permit au Père Étienne de vivre dans le silence et la méditation ce qui est, du reste, la Règle de ces moines.

---

(1) «Tu es prêtre pour l'éternité».
(2) Saint Étienne Harding (1060-1134).

# Pigout-Gros-Nez

Manuel Pigout avait un grand et gros nez! Ce n'était pas une catastrophe, selon les gens de Cap-Rouge, où le jeune homme était né et avait grandi. Ce village situé à quelque distance de Sillery est devenu aujourd'hui presque une ville. Il est à peu près certain que les gens de l'endroit ne savent rien de cette histoire qui se passait au temps où je n'étais alors qu'un garçonnet.

Si les gens avaient un comportement bien sympathique pour le nez de Manuel Pigout, le garçon trouvait, avec raison, que cette protubérance déparait son visage aux traits réguliers par ailleurs. À l'école primaire, tous les enfants se moquaient de Gros-Nez. Le pauvre Manuel n'était pas sans ressentir une dure humiliation. Celle-ci augmentait lorsqu'il avait le malheur de se trouver devant un miroir.

À l'âge où l'on commence à faire la cour aux jeunes filles, il s'était vu refuser partout. Toutes les filles craignaient d'être la risée du village en se fiançant ou même pire, en se mariant à Pigout-Gros-Nez comme on l'appelait depuis sa naissance. La chirurgie plastique étant encore inconnue, Manuel Pigout se retrouvait isolé et célibataire à Cap-Rouge. Il était sur le point de quitter l'endroit, lorsqu'il songea, sans trop savoir pourquoi, à monter la petite colline montant vers la ferme expérimentale. C'était là que l'attendait un sort meilleur.

En effet, s'approchant de ce qui paraissait être une caverne ouverte, au creux de la minuscule colline, entre deux solides rochers, il vit une jeune femme attachée à l'un d'eux. Son premier geste fut d'aller vers elle pour la délivrer :

— Ne bouge pas, fit la mystérieuse fille.

— Vous êtes en bien mauvaise posture, belle enfant, lança de loin Manuel Pigout.

— Je suis enchaînée depuis longtemps. Nul ne peut me détacher sinon un être plus malheureux que moi, reprit la prisonnière.

— Mais qui a eu la méchanceté de vous lier à ce rocher? interrogea Manuel.

— Un esprit mauvais et jaloux de ma puissance de fée, reprit-elle.

— Vous êtes une fée et vous ne pouvez pas vous tirer de là? s'écria Pigout-Gros-Nez.

— Mes ennemis ont jeté ma baguette magique au fond de cette caverne infestée de serpents. Si je pouvais la retrouver, je réparerais le mal que j'ai fait. Je pourrais alors retourner au pays des fées.

— Quel mal avez-vous donc fait, vous qui me paraissez si charmante et si gentille? accentua Manuel.

— C'est une bien longue histoire, répondit la fée. Sachez seulement qu'un jour le meunier de Cap-Rouge me demanda une faveur que je crus devoir lui refuser, car elle n'était pas pour son bien ni pour sa famille. Le meunier le prit fort mal, en me vilipendant. Pour me venger, à la naissance de son fils, je lui ai jeté un sort.

— Ce fils, dit alors la fée, vint au monde avec un nez trois fois plus gros que nature.

— Quoi! s'écria le jeune homme. Trois fois plus gros que nature! Mais c'est à moi ce nez. Vous êtes responsable de cette malformation de mon nez!

— Je ne te vois pas, jeune homme, car ma méchanceté a été deux fois punie. La Reine des fées m'a aussi fermé les yeux tant et aussi longtemps que je n'aurais accompli quelque bonne action. Tu vois bien que je ne le peux pas, étant aveugle et enchaînée à ce rocher.

— Je voudrais bien vous aider, mademoiselle, mais j'ai une peur folle des serpents.

— Je peux te rendre invincible, dit alors la fée.

— De quelle façon? murmura Pigout, très peu rassuré.

— Parmi les serpents qui rampent dans cette caverne, reprit-elle, il y en a un dont la peau est rouge. Si tu peux le saisir, il ne te fera aucun mal.

— Mais il fait noir comme le loup dans cette caverne! rétorqua Gros-Nez.

— La peau rouge de ce serpent est phosphorescente, souligna la jeune fée. Tu le verras très bien aux premières heures de la nuit. Prends-le derrière la tête, poursuivit la fée, et dis-lui ceci : Gottfried!

— Gottfried! s'écria Pigout-Gros-Nez.

— Oui! Parce que Gottfried n'est pas un vrai serpent...

— C'est quoi alors? interrogea Pigout, rempli d'étonnement.

— C'est un sorcier qui a été métamorphosé en serpent pour une mauvaise action qu'il a commise, il y a plus de cent ans, dans Charlevoix.

— Quel genre de mauvaise action? insista Gros-Nez.

— Je ne le sais pas. Mais si tu peux t'en saisir, tu devras l'enrouler autour de mon corps. Tu te retireras à quelque vingt pieds de moi. Le serpent me piquera. C'est ce qu'il doit faire s'il veut reprendre sa forme humaine.

— Mais tu peux en mourir! s'exclama Pigout au bord des larmes.

— Non, poursuivit la fée. Je souffrirai atrocement pendant une heure : je le mérite! Oui, je le mérite pour avoir exercé une vengeance qui, malheureusement, a fondu sur toi.

— Dis-moi ce que je dois faire, malheureuse petite fée?

— Tu es plus malheureux que moi et je le sais, reprit-elle, mais les choses vont changer si tu attrapes le serpent rouge.

— Ne parle pas de moi! Dis simplement ce que je dois faire, reprit Gros-Nez sur un ton plus ferme. Ce que je dois faire pour devenir invicible dans ce nid de serpents.

— Tu n'as qu'à m'embrasser en me souhaitant du bien. Le sorcier s'occupera de toi.

— Il faudrait être fou pour refuser cela, soupira Pigout, soudain rempli de compassion et d'affection pour la responsable de son malheur.

Le jeune homme donna un long et affectueux baiser à la jeune fée et entra courageusement dans la caverne à la tombée du jour.

En effet, il aperçut le serpent dont la peau était rouge et phosphorescente. Il le saisit derrière le cou, tel que l'avait voulu la fée. Tous les autres serpents s'enfuirent au fond le plus noir de la caverne. Ayant prononcé le nom de «Gottfried», le jeune homme au gros nez s'aperçut que le serpent était immobilisé. Il chercha son chemin quelques minutes, sortit entre les deux rochers, puis il enroula le serpent autour de la jeune fée. Il se retira à vingt pieds du rocher comme elle le lui avait demandé. Soudain, la fée lança un grand cri dont l'écho, en cascade, se répandit au loin.

Pendant plus d'une heure, elle se tordit de douleur. Pigout, de son côté, souffrait de ne pouvoir rien faire pour elle. Au bout d'un certain temps, les chaînes tombèrent d'elles-mêmes. La fée recouvra la vue. Elle se mit à regarder Pigout avec une tendresse vraiment sincère et aussi avec la peine de l'avoir défiguré en permettant au sort de l'affliger d'un tel appendice. Pigout n'était pas au bout de son étonnement. Il vit alors le serpent rouge se dresser sur le bout de sa queue et s'évanouir dans la brume matinale... laissant la place à un homme de haute taille, bien fait de sa personne et qui tenait dans sa main droite la baguette magique de la jeune fée. Il déposa la baguette dans les mains de la fée qui disparut derrière les arbres serrés de la colline. Le sorcier conduisit Pigout à l'entrée du village de Cap-Rouge et le laissa seul. Tous les gens qui rencontraient le jeune homme avaient du mal à le reconnaître. Il avait, comme les autres, un nez bien fait. Son visage présentait aussi des traits fins et réguliers. Ses grands yeux bleus brillaient d'une lueur nouvelle.

Pigout quitta le village, car toutes les filles avaient trouvé mari. Il se rendit donc au domaine du seigneur de la Jansonney qui l'embaucha le même jour comme intendant de ses terres. Plus tard, il épousa la fille du notaire de l'endroit, une très grande jeune fille blonde nommée Marcelle. C'était à n'en pas douter la plus belle fille du canton. C'est ma grand-mère qui m'a raconté cette légende qu'elle tenait de la sienne.

Je n'y mettrais pas ma main au feu!

# L'odyssée de Christophe

Christophe Courchesne passa son enfance et son adolescence à Grondines à égale distance entre Saint-Casimir de Portneuf et le petit village de Saint-Thuribe. De sa mère, il avait reçu le goût de la rêverie. En effet, bien que garçon de ferme, il avait un goût assez étonnant pour la poésie. Il avait même vu quelques-uns de ses poèmes publiés dans le journal hebdomadaire *La Vigie*. D'une part, cela lui avait nui d'une certaine façon. Il suffisait que quelqu'un avançât son nom comme candidat à la mairie pour que deux ou trois conseillers refusent froidement d'en entendre parler. Ils disaient :

— Que voulez-vous que nous fassions avec ça? C'est un poète! Ce pauvre Christophe, il ne serait pas capable de nous dire quel jour nous sommes aujourd'hui.

— Mais il a tout de même inventé deux instruments aratoires utiles et dont on se sert encore de nos jours, clamait Lia Delavigne, première femme élue au conseil de Grondines depuis plus de cent ans. À la vérité, aucune femme n'avait été élue avant elle, de toute l'histoire du patelin.

— Peut-être, s'écria Paul-Lucien Lenoir, dit Tit-Noir. Je vous dis qu'il ne connaît rien aux chiffres. Les chiffres, ça ne s'invente pas! On peut seulement les inventorier! C'est tout!

Lia Delavigne revint à la charge en expliquant que s'il était poète, c'est qu'il l'avait dans le sang. Et, de plus, avec les droits qu'il retirait de ses deux inventions, il était fort à l'aise et pouvait écrire des poèmes assez bons pour être publiés dans les journaux.

Les conseillers étaient butés. Ils reprenaient tous leurs fauteuils. Christophe Courchesne ne disait rien. Il n'en perdait ni le boire ni le manger. C'était un homme patient mais pas tellement résigné au fond de lui-même. Tout le monde savait que Christophe avait fait son cours classique, qu'il avait terminé à un peu moins de dix-huit ans. Mais, pour les gens de Grondines, cela ne pesait guère dans la balance de la politique. Écoeuré de ses concitoyens, le jeune garçon entra au Grand Séminaire. Il y fit quatre années de théologie avec succès.

Il étudia aussi l'exégèse et la dogmatique. Il était toujours fidèle à l'obéissance et à l'humilité. Lorsqu'on lui parlait de ses succès, il en reportait le mérite sur l'enseignement de ses maîtres. Quant à son esprit d'obéissance, l'on observait qu'il dépassait la mesure. À cela, il répondait, à la suite de saint Bernardin de Sienne :

— L'obéissance, c'est aller au ciel sur les épaules d'un autre !

Et il se replongeait dans ses livres préférés : les grands maîtres de l'ascétisme.

Ordonné prêtre à vingt-deux ans, par une permission tout à fait spéciale, il se fit remarquer par sa prudence, son zèle, son dévouement, sa charité et, bien sûr, son humilité. On lui confiait certains cours qu'il donnait aux novices. Il s'acquittait de cette tâche avec un rare bonheur. Il était aimé et respecté de ses étudiants sous la bure. Quant à ses maîtres, ils le disaient responsable et vertueux. Dans la vie monastique, il s'en allait tout droit vers la sainteté.

\* \* \*

Au jour de son ordination, il avait pris le nom de Servatius en songeant qu'il devait servir d'abord. S'il avait pris comme modèle quotidien saint Pierre d'Alcantara, il n'était pas parfaitement heureux. Il rêvait souvent ! Le Père Abbé fermait les yeux, se disant que le rêve et l'ascétisme sont sans doute parents à un degré ou à un autre. C'est ainsi que Servatius faisait de longues promenades dans les bois. Mais il ne se mettait jamais en retard aux offices religieux, la lecture spirituelle, les repas.

Au cours de ces promenades, Servatius pensait, méditait, réfléchissait. Il se demandait ce qu'il ferait au Ciel durant toute l'éternité. Il était bien d'accord sur l'adoration de Dieu, les louanges incessantes, le commerce rendu possible entre les saints et les anges et tout et tout! Cependant, il se posait toujours la question : «Est-ce que cela peut occuper quelqu'un pendant l'éternité?» Cette question devenait, pour lui, une sorte d'obsession. Il n'osait en parler au Prieur, un brave homme peut-être mais taillé à la hache et pour ainsi dire «vissé» à la Règle.

Il n'aurait pas compris les problèmes spirituels du jeune moine.

Pourtant, un jour, Servatius demanda cette autorisation et l'obtint comme ça, tout naturellement. Il quitta l'Abbaye immédiatement à l'heure même où la cloche du campanile sonnait l'Angélus. Il devait rentrer après vêpres. Il méditait toujours à ce qu'il ferait au Ciel durant toute l'éternité. Tout à coup, il aperçut un petit oiseau qui chantait sur une branche à une courte distance de lui. Cet oiseau avait les yeux bleu royal, les ailes dorées. Ses pattes étaient longues et fines, son corps nerveux, et sa tête toute menue se portait haute et fière. Servatius fut tellement fasciné par cet oiseau qu'il ne put s'empêcher de le suivre dans tous ses déplacements. D'ailleurs, son chant ne pouvait se comparer à aucun autre de cette région, car il faut dire que Servatius s'était enfoncé très loin dans le bois. Au bout d'un temps incalculable de ce manège, Servatius ne put s'empêcher de lui adresser la parole sachant bien qu'il n'obtiendrait pas de réponse.

— Comment t'appelles-tu? lui dit-il. Je ne t'ai jamais vu par ici?

— Je n'ai pas de nom en cette contrée, répondit l'animal.

— D'où viens-tu? interrogea Servatius. Où habites-tu?

— Je viens de nulle part! C'est-à-dire que je suis de partout et de nulle part tout ensemble.

— Mais où vas-tu donc? insista Servatius.

— Où je dois aller, reprit l'oiseau dont la vue fascinait de plus en plus le jeune moine. Tu veux vraiment savoir, petit moine, reprit l'oiseau, alors, suis-moi.

* * *

131

Servatius se mit à suivre l'oiseau qui gambadait sur une branche ou sur une autre tout en chantant des airs aussi délicieux que fort inconnus à Servatius. Pour lui, ce manège durait depuis environ une heure lorsqu'il entendit le carillon du campanile sonnant les vêpres. Servatius se mit à courir à grandes enjambées pour ne pas se mettre en retard. Arrivé au monastère, il entra par la porte de la cuisine.

Il se rendit en toute hâte au vestiaire, où il endossa la première bure qui lui tomba sous la main. Il se dit en lui-même qu'il serait préférable de faire son entrée par l'arrière de la chapelle.

Il se faufila plutôt qu'il ne marcha vers sa stalle habituelle. Celle-ci était déjà occupée. Forcé d'attirer l'attention, Servatius préféra assister à l'office devant le maître-autel. Après le *Salve*, il se rendit au bureau de l'Abbé, qui ne le reconnut pas.

— D'où venez-vous, Frère? lui dit l'Abbé, âgé d'environ trente-cinq ans. Je ne vous ai jamais vu ici. Je ne sais ni votre nom ni ne reconnais les traits de votre visage.

— Je suis Frère Servatius et je viens d'entrer au service de votre Seigneurie, récemment.

— Récemment? Récemment? s'étonna l'Abbé. C'est impossible. Je sens là-dessous une sorte de fumisterie! reprit l'Abbé, homme sévère ressemblant à un Grand Pénitencier.

\* \* \*

Frère Servatius expliqua qu'il avait prononcé ses voeux depuis un an et demi environ et qu'il était autorisé à se promener dans les bois aux alentours du monastère.

— Le non-sens ne s'améliore pas, insista l'Abbé. Vous êtes là depuis un an et demi et je ne vous connais même pas!

— C'est bien ce qui m'étonne le plus! répondit humblement le jeune moine.

— Quel âge avez-vous?

— Vingt-trois ans, Père Abbé. J'ai été ordonné ici même, à vingt-deux ans, grâce à une permission spéciale de Rome.

— En quelle année, s'il vous plaît et si vous pouvez me le dire? rétorqua le moine qui regardait Servatius jusqu'au fond des yeux.

— Mais l'an passé! reprit Servatius très peu sûr de lui maintenant. C'était donc en 1856. Ma date d'ordination est inscrite dans les registres ou archives de cette abbaye, ou bien je suis complètement perdu!

— C'est le cas de le dire! gronda l'Abbé qui n'avait pas envie de rire.

— Enfin, je ne me trompe pas! dit Servatius de plus en plus troublé; j'ai été ordonné en 1856 par Dom Octave Mérancourt.

— C'est ce que nous allons voir! précisa l'Abbé. Parce que si vous avez été ordonné en 1856, vous avez actuellement cinquante années de prêtrise et soixante-douze ans d'âge. Vous en paraissez à peine vingt-cinq. Avouez que cela n'est tout à fait normal. Vous n'avez pas habité ce monastère sans que personne ne vous ait connu, tout de même, disait l'abbé qui commençait à être drôlement agacé. Avouez que cela n'est pas facile à comprendre puisque nous sommes en 1906.

Servatius se mit à trembler de tous ses membres. Il ne pouvait avoir soixante-douze ans puisqu'il venait de quitter le monastère pour se promener dans la forêt. Comment le temps aurait-il pu passer si vite? Il supplia le Père Abbé avec des larmes dans les yeux:

— Je suis Christophe Courchesne. Je suis né près de Grondines. J'ai étudié ici même. J'ai été ordonné par Dom Octave. Je suis venu ici pour m'y sanctifier et non pour vous mentir. Dieu m'est témoin que je dis la vérité. Je pourrais vous le ju...

— Ne jurez pas! coupa le Père Abbé. Je convoque à l'instant la communauté. Alors, nous verrons bien si vous êtes Frère Servatius ou bien un imposteur. Nous allons à la salle du Chapitre! clama le Père Abbé.

Là, à sa plus grande confusion, Servatius se rendit compte qu'il ne reconnaissait aucun moine, ni les plus vieux et encore moins les plus jeunes. Où se trouvaient donc tous ceux qu'il avait connus, il y avait une heure à peine? Quelle était donc cette mystification? Servatius se trouvait de plus en plus ahuri. Était-il passé dans un autre monde sans même s'en apercevoir? Dieu avait-il arrêté le temps pour lui et pour lui seul? Cela se pouvait-il? Est-ce que cela pouvait tenir du miracle? Servatius était trop humble pour avoir mérité de vivre pendant cinquante années sans même s'en rendre compte.

Servatius se croyait en plein rêve. Il ne pouvait trouver d'explications à ce mystère. Tout à coup, l'archiviste se présenta avec un livre tout aussi gros qu'un homme. Il avait beaucoup de mal à le porter. Il le déposa respectueusement sur la table au milieu de la salle du Chapitre.

Puis, il l'ouvrit à l'année 1856. En effet, à l'étonnement de tous, le nom de Christophe Courchesne (devenu Frère Servatius) était bel et bien inscrit à la date et à l'année de son ordination.

— Lisez à haute voix, commanda le Père Abbé.

L'archiviste ne se fit pas prier:

— Frère Servatius (Christophe Courchesne dans le monde), prêtre depuis un an, est accepté dans cette abbaye par le Père Abbé, Dom Octave, Fils de Richard Courchesne et de Cosima Rodrigue, il a vu le jour à Grondines. Il porte une marque de naissance à l'avant-bras droit. Cette marque est rosée et en forme de trèfle.

— Levez la manche droite de votre bure! demanda l'Abbé.

Tous les moines constatèrent de visu la marque de naissance, rosée et en forme de trèfle. Servatius tomba à genoux. Il riait et pleurait tout ensemble. L'Abbé demanda à l'archiviste de poursuivre sa lecture. Ce qu'il fit:

— Selon son choix, il portera désormais le nom de Frère Servatius et il sera parmi les vingt-sept Pères cister-

ciens et les convers, au nombre de quarante-et-un, le ser-
viteur de tous. À l'Abbaye cistercienne d'Oka, en ce jour
de grâce du treize mai 1856. Signé : Dom Octave Mérancourt, Abbé.

* * *

L'Abbé déclara solennellement qu'une messe d'action
de grâce serait chantée le dimanche suivant. Il ordonna
que le silence se fît sur ce phénomène, car il n'osait dire
miracle, et cela, jusqu'à la mort de Frère Servatius.

L'humble moine se fit encore plus humble et plus
serviable. Il ne se demandait plus à quoi il passerait son
éternité puisque Dieu lui avait fait vivre soixante-douze
années en une heure et à quoi faire? À poursuivre, dans
la forêt, un oiseau non identifié.

Pourtant, il demeurait convaincu que tout cela n'avait
duré qu'une heure. Comme Dieu a de la suite dans les
idées, Il accorda cinquante années de vie au Frère Servatius qui, lorsqu'il mourût, entrait dans la soixante-
treizième années de son âge véritable puisque le temps
avait été suspendu pour lui pendant plus de cinquante ans.

Je suis allé à cette abbaye. Rien ne souligne un tant
soit peu cette légende. Pourtant oui, quelque chose! J'ai
visité également le cimetière des moines. J'ai trouvé
l'endroit où l'on a déposé en terre le Frère Servatius. Chose
curieuse, on peut lire sur la pierre tombale le nom seul
de Servatius, sans date ni année. Tout à fait en bas de la
stèle, on a gravé un modeste trèfle.

# Un fermier potentat

De nos jours, on ne croit peut-être plus tellement aux légendes, aux récits fantastiques. On a sans doute tort, car ils font partie de notre patrimoine culturel au même titre que les faits tirés de la «Petite Histoire». Le récit de l'Ange de Cap-Santé en atteste peut-être. C'est un souvenir d'enfance, bien sûr! Celui qui n'aurait plus aucun souvenir serait un être bien malheureux, car il ne pourrait même pas parler tout seul, se raconter à lui-même ce que tout le monde semble avoir oublié.

Il était donc une fois un fermier potentat. Il possédait un grand nombre de terres arables, des forêts, une scierie, des «clos» de bois, etc. Ses champs de blé lui rapportaient plus de la moitié de sa fortune. Il faisait affaires avec de grandes compagnies d'alimentation et ça roulait, roulait!

Cet homme avait cependant un coeur dur. Il ne payait pas très bien les centaines d'ouvriers de la scierie et encore moins ceux qui travaillaient aux champs. On se relevait à peine du krach financier de cette époque. Sa pensée profonde résidait dans sa pensée immédiate. Il se disait: «Des ouvriers heureux font un système heureux».

Il allait jusqu'à offrir une prime de vingt dollars (c'était beaucoup à ce moment-là) à chaque épouse des ouvriers à son emploi qui donnait naissance à un garçon. Et cela continuait dans sa tête: «Plus j'aurai de petits mâles dans tout ça, plus j'aurai d'ouvriers dans mes champs, dans ma scierie, dans mes «clos» de bois.» Prévoyant comme il était, il avait imaginé ses vastes champs sans ouvrier à la tâche, le blé pourrissant sur place. Mais dès l'annonce de la prime sur la naissance, les femmes s'étaient montrées plus fertiles.

Pourtant, l'année où commence ce récit, il y eut une horrible sécheresse. Pas une goutte de pluie dans toutes les régions où se trouvaient ses terres. Personne ne pouvait expliquer ce qu'il appelait lui-même un fléau. L'homme examinait bien sa conscience, tous les soirs, il ne trouvait rien qui eût pu lui mériter cette incroyable malchance.

Un de ses conseillers ayant osé lui dire qu'un pareil châtiment ne saurait tomber que sur la tête d'un mauvais patron, il le fit enfermer dans la cave d'une maison située loin de sa somptueuse résidence de Cap Santé. Il devait y rester jusqu'à ce qu'il se mette à pleuvoir sur ses champs de blé.

La récolte de l'année fut quand même perdue. Le fermier potentat dut céder de l'or qu'il possédait afin d'acheter du blé pour nourrir ses animaux. Quant aux ouvriers, ils avaient vu diminuer leurs salaires. Mais, pour lui, cette situation ne pouvait durer. Autrement, il serait devenu un fermier pauvre, c'est-à-dire un pauvre fermier.

Ayant entendu parler de l'ermite Néciphore, vivant bien au nord de la région, il le fit mander auprès de lui. Cet homme avait une réputation de grande sagesse. Il mesurait un mètre quatre-vingt-dix. Son visage ressemblait à celui de Moïse dont il portait la barbe aussi longue. Ses yeux noirs et ardents semblaient lire au fond des coeurs. Le fermier potentat lui demanda conseil. Après avoir réfléchi quelques minutes, le saint homme dit au fermier :

— Je sais le malheur qui t'afflige! J'ai prié pour la région menacée par la famine. Voici ce qui m'a été inspiré. Il te faut trouver un enfant très pur, comme la splendeur immaculée des cieux. Tu le feras venir ici, chez vous. Tout ce qu'il te dira, tu devras l'accomplir. Le Père ne résiste pas, je pourrais même dire jamais, à la prière d'un enfant au coeur pur. C'est le seul conseil que je puisse te donner. Maintenant, je retourne à mon vieil ermitage. Ne me demande plus rien! Je t'ai tout dit!

* * *

Un conseil fut tenu avec les ouvriers des multiples terres et leurs dépendances. Le fermier potentat leur donna cinq jours pour trouver un enfant au coeur pur sans tenir compte du foyer où il serait découvert. Avant que les cinq jours ne fussent écoulés, une jeune femme très belle et très grande fut conduite chez le fermier. Elle tenait par la main un enfant de cinq ans environ.

L'enfant avait le teint rosé, de grands yeux bleus, les cheveux blonds, une bouche menue et les traits sans défaut.

— Comment te nommes-tu? demanda le fermier à l'enfant.

— Michel, répondit cet étrange enfant qui ne semblait pas être d'ici.

— Tu sais pourquoi je t'ai fait venir chez moi?

— Oui, monsieur! Je sais que vous voulez de la pluie. Beaucoup de pluie sur vos immenses terres. Mais vous n'avez pas pris les bons moyens pour en obtenir.

— On peut dire que tu ne manques pas de franchise, reprit l'homme un peu soucieux. Mais qu'ai-je fait de mal pour mériter un si grand malheur? Tu le sais, toi?

L'enfant se mit à le tutoyer:

— Oui, je le sais! Et de plus, je vais te le dire! Tu as esquinté ton épouse en la faisant travailler six fois plus que sa santé ne le lui permettait; tu paies mal tes ouvriers pour les sommes d'argent qu'ils te rapportent; tu ne leur adresses jamais un mot d'encouragement lorsqu'ils rentrent fourbus de leur journée passée dans les champs sous un soleil de plomb. Il ne te suffira pas de changer ton comportement. Il te faudra prier l'Ange du Cap.

— Je n'ai jamais prié, rétorqua le fermier potentat.

— Je le savais! reprit l'enfant, mais je voulais t'épargner une réprimande de plus. Bon! Je vais aller prier auprès de la statue de l'Ange du Cap. Tu auras de la pluie.

Et l'enfant quitta la ferme avec sa mère! Il se rendit devant la statue élevée face au fleuve. De temps à autre, il semblait converser avec la statue. Il se prenait à danser et même à chanter un chant tout à fait inconnu des gens de la région. La statue semblait même lui sourire. C'est à ce moment-là que Michel demanda à l'Ange du Cap de prier le Père afin qu'il fît tomber de la pluie sur toute la région. À la condition que ce fût son bon plaisir!

* * *

Au même moment, il se mit à pleuvoir comme jamais auparavant sur toute la région et au-delà. Tout joyeux, l'enfant prit la main de sa mère et retournèrent ensemble à leur maison située à quelques kilomètres de Cap-Santé.

Mais deux semaines plus tard, il pleuvait encore à torrents, et cela, jour et nuit. Les torrents, les rivières, les lacs envahissaient tout sur leur passage dans leur débordement. Le fermier potentat fit mander Michel et sa mère aux fins d'obtenir des explications sur ce phénomène. L'enfant revint. Il regarda le fermier droit dans les yeux :

— Il faudrait savoir ce que vous voulez, monsieur! J'ai demandé de la pluie à l'Ange. Vous l'avez! De quoi vous plaignez-vous maintenant?

— Mais tu ne vois pas que ce malheur est pire que le premier qui m'avait frappé. C'est que tu es l'innocence même! Tu ne comprends pas les hommes, toi! Retourne voir l'Ange du Cap et dis-lui de faire cesser ces pluies torrentielles, sinon je mettrai tous les enfants de ton âge dans une cave humide où ils mourront de faim et de froid.

— Alors, si vous faites ça, monsieur, ce sera pire encore! Les anges pleureront de cette nouvelle méchanceté de votre part. Vous savez qu'il y a neuf chœurs d'anges et chaque chœur est composé d'environ neuf millions d'anges. Cela fera beaucoup de larmes, monsieur le fermier! Beaucoup de larmes, je vous préviens!

— Excuse ce mouvement d'humeur, mon cher enfant. Je vais prier plutôt que menacer. Pour réparer, je promets fermement de pourvoir aux études de tous les enfants de la contrée jusqu'à leur majorité. Es-tu content?

— Oh, oui! répondit l'enfant dans un sourire ineffable.

La pluie cessa deux heures plus tard, tandis qu'un soleil ardent et généreux séchait toute la contrée.

Mais on ne revit plus jamais Michel et sa mère malgré les recherches intensives que l'on fit.

# La vierge indienne

Les gens qui vivaient aux alentours de la maison de mes parents, à Champigny, ne parlaient presque jamais de la Vierge du bois des «Étrières». Pour ma part, bien que j'aie vécu longtemps à cet endroit, je n'ai jamais su l'origine du nom donné à ce petit bois séparant Champigny de Cap Rouge. Une espèce de légende voulait que vers 1891, une jeune fille de Québec ait été trouvée morte à l'orée de ce bois. Elle avait fait une chute de cheval et son pied gauche était resté attaché à la courroie qui supporte l'étrier. Mais ça...

Par contre, j'ai appris l'histoire de la Vierge trouvée à cet endroit précis. Le maire de l'Ancienne Lorette et les conseillers avaient décidé d'exploiter la masse de sable enfouie sous les arbres et d'y ouvrir une carrière, car cet emplacement appartenait de droit à la paroisse de l'Ancienne Lorette. L'idée pouvait être bonne et, de plus, rentable. Un arpenteur et des experts furent dépêchés sur les lieux afin de déterminer où se ferait le creusage et aussi la façon la plus économique d'y arriver. On estimait qu'il y avait là un gisement de sable évalué à des milliers de tonnes et sans doute plus.

L'arpenteur avait désiré que son fils, âgé de huit ans, l'accompagnât. Pendant que les hommes conversaient entre eux, le gamin courait de sentiers en clairières. Il allait sans compter ses pas. Tout près d'un taillis épais, il s'adonna à cueillir quelques fleurs sauvages. Soudain, au creux d'un tremble, il aperçut une niche dans laquelle se trouvait une statuette représentant une Vierge indienne. En se soulevant sur le bout de ses pieds, il pouvait la toucher. Depuis combien de temps se trouvait-elle au creux de cette petite niche presque entièrement couverte de fleurs sauvages? Qui donc avait sculpté la statuette dont le visage aux traits fins, délicats, était tout simplement ravissant? Et aussi, pourquoi, malgré le vent, les intempéries, le froid, le verglas et quoi encore, les couleurs vives étaient demeurées intactes?

Toutes ces questions laissaient l'enfant rêveur tandis que l'heure passait. Soudain, il entendit la voix de son père qui l'appelait. Il se dirigea du côté d'où venait la voix et se retrouva face à face avec son père qui semblait fort agacé:

— Il y a au moins une heure que moi et mes hommes nous te cherchons. Pourquoi ne donnais-tu pas signe de vie? Nous avons perdu beaucoup de temps. Allons, viens maintenant!

— Pas avant que je ne te montre la statuette indienne que j'ai trouvée, répondit l'enfant.

— Qu'est-ce que c'est? Encore une autre de tes illusions, reprit le père toujours un peu furieux.

— Non, papa! Viens voir! insista l'enfant dont le visage rayonnait de joie.

Curieux, tous les hommes insistèrent et l'arpenteur se laissa fléchir. En effet, au creux du tremble dont l'enfant avait parlé, tous purent voir la petite Vierge indienne sculptée et déposée à l'endroit le plus visible sur ce sentier. Tous voulurent la prendre dans leurs mains afin de l'admirer de plus près. Ni l'arpenteur ni aucun de ses hommes ne purent la déloger de cet endroit.

On fit une sorte d'inspection autour de l'arbre. Il y avait peut-être quelque chose qui la retenait, des clous, des lierres, des racines peut-être? Les hommes se regardèrent mais personne n'osait ouvrir la bouche pour dire quoi que ce fût. On décida d'en parler au curé. Le garçonnet insista auprès de son père aux fins de demeurer près de la statuette et assurant son père qu'il retrouverait son chemin. L'arpenteur hésita un moment puis déposa une boussole dans la main de son jeune fils. Puis les hommes le suivirent vers la voiture tandis que le cheval happait les feuilles tout au bout des branches tendues vers la route sablonneuse du bois des Étrières.

Demeuré seul, le fils de l'arpenteur se mit à prier la Vierge. Il lui demandait naïvement s'il existait un secret et pourquoi elle se trouvait là, au creux de l'arbre et, enfin, depuis combien de temps? La statuette restait silencieuse.

Il n'y avait aucune lumière bienfaisante. Le temps était couvert à ce moment-là de la journée. Pas de vent, pas de brise, rien! C'était le silence autour de la Vierge indienne et de l'enfant.

Soudain, une voix claire mais d'une indicible douceur se fit entendre :

— Félix, écoute-moi bien! dit alors la voix qui venait de la statuette.

— Vous savez mon nom? interrogea le jeune enfant, tout en regardant tout autour de lui, pour voir s'il n'était pas l'objet d'une illusion.

— Je sais tout de toi, reprit la voix. Voici ce que je veux te dire. Il y avait ici, oh! il y a bien longtemps, un petit village indien. C'est un catéchumène qui, à ma demande, a sculpté la statuette et y a peint les couleurs de sa tribu. Comme il désirait le baptême de tout son coeur et que les missionnaires étaient loin d'ici, il a fait sa demande à haute voix devant la statuette et l'a déposée lui-même au creux de cet arbre. Alors, il reçut un baptême de désir. La pluie se mit à tomber sur son front. Alors, je l'ai pris sous mon manteau et je l'ai présenté au Maître du monde. C'était là ce que je devais faire pour ce petit indien qui portait le nom de sa famille Takiwonn. Félix, reprit la voix, c'est moi qui t'ai amené à ces lieux.

— Parlez, Vierge indienne. J'aime entendre votre voix.

— Fort bien! Je vais te demander quelque chose, dit encore la Voix.

— C'est promis, Vierge indienne. Demandez-moi n'importe quoi! s'exclama l'enfant au comble du bonheur.

— Attention, Félix! Les hommes sont prompts à discourir, mais lents à comprendre, ajouta la voix mystérieuse. Tu vas aller voir le curé et tu lui diras qu'il y a si longtemps que je suis ici, seule dans ce petit bois, car personne n'a remarqué la statuette lorsqu'on retrouva le corps du jeune indien au pied de ce tremble. Tu diras à ton curé que je veux être transportée ailleurs.

— Mais où, Vierge indienne? demanda Félix.

— Dans l'église paroissiale!

— Mais, attendez un peu, Vierge indienne, soupira l'enfant. Personne n'a pu vous tirer de cette niche tout à l'heure.

— Je sais qui le fera, reprit la voix enchanteresse. Si tout n'est pas miracle, tout est cependant grâce!

Et la voix se tut!

* * *

L'enfant se rendit au presbytère, mais le curé ne voulut rien entendre à ces «chinoiseries». Le jeune Félix répliqua que son père et plusieurs personnes avaient vu la statuette mais qu'aucun n'avait pu la tirer de la niche au creux de l'arbre. Il insista tellement que le curé promit de faire quelque chose. Mais, une fois l'enfant parti, il le fit exprès pour oublier toute cette histoire qui lui semblait être une rêverie d'enfant.

Un mois plus tard, Félix tombait si malade que le médecin appelé auprès de lui désespérait de lui sauver la vie. Un soir, seul avec son père, l'enfant demanda qu'on le conduisît devant la statuette, au bois des Étrières.

— Pas question! dit le père, à la fois déterminé et troublé. Tu es trop malade. Cela te tuerait, mon petit Félix!

— C'est tout le contraire, papa! reprit l'enfant. Si je reste ici, je mourrai!

L'arpenteur ne voulait pas voir mourir son fils unique. Pourtant, cela lui paraissait être une folie qui deviendrait sans doute fatale. Il consulta d'abord le curé et le médecin. Il fut décidé que l'on transporterait Félix — allongé sur du foin au fond d'une charette — jusqu'à la statuette du bois des Étrières. Tous arrivèrent en même temps, car les nouvelles vont vite dans un rang ou même dans un village. Il y avait le maire, les conseillers, le médecin, l'arpenteur, le notaire, le maître-chantre, l'organiste, Aline Roy, et quelques femmes pieuses. Malgré ses doutes, le curé demanda aux gens qui se trouvaient là de prier la Vierge Marie. Puis, plusieurs hommes tentèrent à nouveau de tirer la statue de la niche. Peine perdue. C'est alors que Félix demanda à son père de le soulever jusqu'à la hauteur de la niche.

Félix prit alors la statuette dans ses mains et la tira sans effort. Elle ne pesait que dix onces. Il la déposa dans les mains du curé qui pleurait d'avoir douté.

* * *

La statuette fut transportée à l'église paroissiale et on lui donna une place d'honneur dans l'abside. Le curé organisa une cérémonie spéciale et nomma la statue Notre-Dame du Bois des Étrières.

Félix recouvra la santé, fit son cours classique et quatre années de Grand Séminaire. Une fois ordonné, il se fit missionnaire. Il demanda la permission d'apporter la statuette avec lui. Elle lui fut aussitôt accordée. L'approbation fut signée par l'évêque de Québec. Il y a bien longtemps de tout cela. Où est Félix maintenant? Où est la Vierge indienne? Au Kénya, en Amérique latine, aux Indes? Il faudrait avoir la curiosité de le demander aux autorités ecclésiastiques de qui relève Félix. Elles pourraient nous renseigner sur le sort de la statuette du bois des Étrières. Quant à moi, je n'ai ni le droit, ni la mission de divulguer mes souvenirs. Si ma mémoire est encore bonne, Félix doit avoir aujourd'hui soixante ans.

# Sans identité

Ce récit ne sera pas facile à raconter. Tout concourt à le rendre tout aussi mystérieux qu'invraisemblable. Pourtant, les vieux de l'époque juraient avoir vécu les événements tragiques qui privèrent Jehan Bruneault de toute identité.

Il habitait à Péninsula et il y exerçait le métier de pêcheur. Il s'était amouraché de la belle Blanche Arthaud qui lui rendait amour pour amour. Les parents approuvaient les jeunes gens, mais ils insistaient fort pour que les deux en viennent à la décision de se marier avant les grandes pêches. Blanche et Jehan se présentèrent au curé Plimsolle qui les avait baptisés l'un et l'autre. Le vieillard en avait les larmes aux yeux de les unir après les avoir fait chrétiens dix-huit ans plus tôt. La cérémonie fut brève et la réception encore plus, car Jehan devait s'embarquer le lendemain matin pour les bancs de Terre-Neuve, à bord d'un puissant chalutier appartenant à un des oncles de sa jeune épouse. Les adieux furent touchants. Partir au loin après une nuit de noces n'est pas le sort de tout le monde. Ce fut pourtant celui de Jehan.

Trois jours après le départ, le temps devint intenable. Le capitaine du *Gaspésien* faisait de son mieux pour lutter contre une tempête qui s'annonçait déjà terrible. Ce fut bien le cas puisque, selon une chronique du temps, le *Gaspésien* se perdit en mer. À l'époque, les moyens de communication n'existaient à peu près pas. Seul le temps, la longue ou trop longue attente pouvaient jeter le doute, la crainte, ou l'épouvante dans l'âme des gens. Plus de sept mois après son départ, le *Gaspésien* n'avait donné aucun signe de vie. On aurait pu espérer une lettre, un message parti de Saint-Jean ou d'un autre port de mer, mais rien de cela ne s'était produit. On faisait tout, à Péninsula, pour encourager la jeune femme que l'on considérait déjà comme veuve.

À la vérité, Blanche Arthaud n'était pas veuve. Son mari Jehan s'était accroché désespérément à une épave et il avait été recueilli en haute mer par un *brick*[1] anglais faisant route vers Southampton, en Grande-Bretagne. Cependant, Jehan Bruneault avait été blessé à la tête, ce qui l'avait rendu complètement amnésique. Il ne savait ni son nom ni d'où il venait. Comme il ne parlait pas un mot d'anglais, ce ne fut pas facile de l'aider. Le capitaine du *brick* découvrit deux initiales tricotées sur le revers de son collet de chemise. Deux minutes plus tard, le rescapé s'appelait John Brown ce qui voulait dire que le maître à bord n'avait pas été chercher loin pour donner une nouvelle identité à celui qu'on avait sauvé de la mort. Le médecin du bord le soigna d'une fracture à l'épaule ainsi que d'une large plaie à la tête. Le médecin prétendait que le nouveau John Brown avait reçu un mât du chalutier sur la tête. C'était le premier mot que le rescapé avait pu prononcer correctement.

Après plus d'un mois de navigation, le *brick* anglais atteignit son port de Southampton. Le capitaine confia son passager recueilli en mer aux autorités anglaises. Celles-ci le firent transporter dans un hôpital des environs et on le laissa pour compte.

Un officier avait dit au directeur de l'hôpital :

— Nous l'avons trouvé blessé très loin des côtes de Péninsula. Les vents ne nous permettaient pas de retourner en arrière. Il ne sait ni son nom, ni son âge, ni d'où il vient. Nous vous le confions. Peut-être pourriez-vous faire une enquête. Il ne dit que quelques mots, ici et là, et c'est toujours «Blanche» et «Blanche» et toujours «Blanche». Il devait penser à cette femme-là lorsqu'il a été blessé. Notre médecin de bord dit qu'il est solide et qu'il s'en sortira, mais il ne saurait dire quand ni comment.

* * *

Des mois passèrent avant que le nouveau John Brown (car on lui avait collé cette nouvelle identité à la peau) put se remettre de ses blessures. Mais l'absence de mémoire demeura totale. C'était comme s'il était tout à coup tombé dans un autre monde. Lorsqu'il eut recouvré suffisamment de forces, on lui donna un petit emploi dans la région.

Il s'agissait d'une poissonnerie. Le jeune Brown s'y montra très efficace. Il fut nommé contremaître et gagna la confiance de ses employeurs.

De temps à autre, il accompagnait une jeune anglaise à une partie de campagne. Plusieurs jeunes personnes devenaient amoureuses de lui. Il ne semblait pouvoir s'attacher à aucune d'elles. Le soir, rentré chez lui, il rêvassait beaucoup et tentait de se souvenir de son passé. Impossible! De temps à autre, il murmurait le nom de «Blanche» du bout des lèvres, mais tout s'évanouissait aussitôt. Six ans plus tard, son comportement fut tel que ses employeurs le nommèrent directeur de l'entrepôt de la poissonnerie. Il objecta qu'il n'avait pas assez d'instruction pour prendre la responsabilité d'une telle entreprise. Ce n'est pas ce que le président de la compagnie, M. Kirk Bartholomew, pensait. Il fit venir Brown et conclut un accord ferme de cinq ans avec lui. Brown accepta.

\* \* \*

À Péninsula, Jehan Bruneault fut déclaré disparu et présumément mort. On chanta un service à l'église et une croix fut ajoutée parmi celles du terrain de sa famille. Puis, le temps s'écoula. Plusieurs galants se disputaient la jeune veuve qui ne semblait pas pressée de se remarier. Pourtant, un beau jour, elle céda aux ardeurs de Césaire Flamand, un pêcheur de Gaspé. Le mariage eut lieu au début de l'automne de 1909. Blanche donna deux enfants à son mari en moins de quatre ans. Habile, fort, tenace, ambitieux, Césaire fut bientôt propriétaire de son bateau de pêche. La chance semblait être avec lui. Il revenait hâlé des petites et grandes pêches. Il aimait Blanche et les enfants. Tout allait alors pour le mieux.

\* \* \*

À Southampton, John Brown était devenu l'associé ou presque de Kirk Bartholomew. Celui-ci avait une jeune fille de vingt-cinq ans, Lucy. Pour elle, John Brown était prévenant, poli, plein de douces attentions. Mais il ne cherchait pas à lui faire la cour.

La jeune fille s'en plaignit à son père, lui demandant si c'était lui qui empêchait John de lui faire la cour.

— Bien au contraire! répondit celui-ci. Je souhaiterais que vous deveniez plus intimes tous les deux. J'ai confiance en ce garçon. Comme je n'ai pas de fils, il serait appelé à prendre la relève, tu comprends. Alors, s'il t'épousait, ce serait sans doute ma plus grande joie!

Mais John Brown avait un projet en tête : agrandir l'entrepôt, car les affaires prospéraient sous son égide. M. Bartholomew était d'accord. Un accident allait cependant prévenir beaucoup de choses. Heurté par un camion, dans la cour de l'entrepôt, John fut transporté à l'hôpital le plus près. Heureusement, la blessure n'était pas grave. Mais en reprenant ses sens, il se souvint de tout, de Péninsula, de Blanche, de son mariage qui n'avait duré qu'un jour, du naufrage, du mât qui l'avait assommé sur le coup.

Ne pouvant prendre la décision de raconter cette histoire invraisemblable à son patron, il demanda un congé de deux mois pour voyager au Canada. Kirk Bartholomew vieillissait et il ne voyait personne pour remplacer John. Pourtant, il accepta de faire le boulot pendant ces deux mois.

\* \* \*

John Brown disparaissait rapidement et Jehan Bruneault reprenait conscience de lui-même à mesure que le navire filait déjà dans les eaux canadiennes. Comment allait-il retrouver sa femme? Avec neuf années de plus, bien sûr. Mais, lui aussi, les avait parcourues ces neuf années. Il descendit donc à Gaspé et s'installa dans un petit hôtel avant que de commencer quelques recherches. Ce qui l'étonnait le plus, c'est que personne ne semblait le reconnaître. Quant à lui, il reconnaissait beaucoup de gens, mais on lui répondait assez vaguement. Il en fit part au propriétaire de l'hôtel, lui demandant s'il connaissait un ancien pêcheur du nom de Jehan Bruneault. Celui-ci haussa les épaules. Il se rendit alors à l'église. Peine perdue! Le curé Plimsolle était décédé depuis quatre ans et enterré dans le cimetière à l'ouest de la petite église. Jehan s'y rendit pour offrir une simple prière en souvenir du prêtre qui l'avait baptisé et l'avait uni à Blanche Arthaud.

Tout en se promenant dans les allées, Jehan se rendit au terrain de sa famille. Quel ne fut pas son étonnement lorsqu'il vit sur une croix: Jehan Bruneault, 22 ans, mort en mer en 1907. Jehan n'en croyait pas ses yeux. Se souvenait-il seulement qu'il avait vécu en amnésique pendant tout ce temps-là? Peut-être pas!

Il s'informa à droite et à gauche. Il finit par apprendre que Blanche Arthaud, après un veuvage de plus de cinq ans, avait épousé un pêcheur du nom de Césaire Flamand, qu'elle était heureuse et qu'ils vivaient tout à fait au nord de Gaspé. Jehan Bruneault passa quelques jours à l'hôtel, marchant de long en large dans sa chambre, se demandant s'il devait se rendre chez elle, lui dire tout ce qui s'était passé et peut-être la convaincre que...

* * *

Il chassait bien vite ces idées. Ce naufrage avait pour ainsi dire détruit toute sa vie. Il se décida un jour à se rendre au Nord de Gaspé pour y revoir Blanche. Il entra tout doucement par la porte du jardin de crainte de lui faire peur. Il l'aperçut de loin jouant avec deux enfants beaux et joyeux.

Jehan comprit que le passé était mort, que la vie, dans sa cruauté, l'avait à jamais séparé de celle qu'il aimait encore malgré tout, malgré le temps.

Il revint lentement à l'hôtel, boucla sa valise et prit le train pour Montréal. Pensant tout à coup à monsieur Bartholomew, qui avait été son bienfaiteur, il s'embarqua pour l'Angleterre. Arrivé à Southampton, il se rendit immédiatement chez les Bartholomew.

Ce fut Lucy qui lui ouvrit la porte.

---

(1) Voilier à deux mâts gréés à voiles carrées. (Dict. Robert, page 194)

# Le faussaire

Philippe Châsles était faussaire par définition. Né dans une famille très huppée de la Haute-Ville de Québec, il fit ses études dans une école privée où il commença, pour s'amuser, à contrefaire la signature de ses camarades de classe. Puis, ce fut celle de ses professeurs. Par un hasard que seuls les dieux pourraient expliquer, il ne se fit jamais prendre.

Comme il avait un sens aigu et honorable de la famille, il n'a jamais osé contrefaire la signature de son père ou de sa mère, bien qu'il en eût été capable et fort aisément.

Cette manie d'imiter la signature des autres — et il le faisait à la perfection — ne lui passa pas à l'université. Un jour, alors qu'il était trésorier de la caisse des étudiants, il contrefit la signature du président et apposa la sienne. Ainsi, il put acheter un jeu de crosse y compris l'équipement au complet. Le président jura qu'il n'avait jamais signé ce chèque et donna *ipso facto* sa démission. Philippe lui fit remarquer que le fait de démissionner indiquait clairement qu'il se dénonçait lui-même. Rien n'y fit! Émile-Georges était un pur! On est un de Le Tellier ou on ne l'est pas! Émile-Georges demeura sur ses positions. Philippe n'avait plus qu'une chose à dire. C'était d'affirmer que, de connivence avec Émile-Georges, il avait passé secrètement cet accord sans en souffler mot au conseil.

Les étudiants du cours de sciences héritaient d'un équipement de jeu de crosse. Ils allaient bien s'amuser à la période de récréation.

L'incroyable, c'est que Philippe fut élu président tandis que Eudore Poirier (qu'on appelait «la poule à oeufs d'or») parce que ses parents étaient fortunés, fut le remplaçant de Philippe à la trésorerie.

Philippe Châsles, qui était un brillant élève, spécialement en chimie, n'avait pas du tout l'esprit au travail. Il n'aspirait pas à passer sa vie dans un laboratoire de sciences ou de chimie.

Son père lui avança une somme d'argent qu'il dépensa d'une manière tout à fait étourdie. Il voyagea en France, en Italie, en Autriche, ainsi qu'en Angleterre où il était censé étudier.

\* \* \*

Un fois totalement à sec, il contrefit, à même un chéquier qu'il portait toujours sur lui, la signature de son oncle Anselme, le seul frère de son père. Il faut dire que le dénommé Anselme Châsles fut complètement abasourdi le jour où il trouva un «trou» de trois mille dollars dans son livret de banque. Jamais n'avait-il avancé pareille somme à son neveu Philippe.

Il se fit rembourser par le père de celui-ci au nom de l'honneur de la famille. Aucune plainte ne fut portée contre le jeune faussaire. Ce dernier poursuivit la dilapidation des trois mille dollars de l'oncle Anselme sans savoir ce qui se passait à Québec.

Vint pourtant le jour où il se trouva seul et sans le sou à Paris. Il écrivit donc une lettre suppliante à son père, Honoré Châsles, greffier à la Cour d'Appel, lui disant qu'il avait emprunté de l'argent à plusieurs amis, que l'échéance était à sa porte et qu'il n'avait pas le sou pour satisfaire ses créanciers. Philippe savait que son père était un faible. Il prit donc la précaution, dans un style très cornélien, de lui parler du déshonneur, du scandale qui éclabousserait sa famille s'il était arrêté et détenu pour dettes à Paris. Il ajoutait :

— Si la chose venait à être connue chez nous, vous perdriez l'estime et surtout l'amitié du poète Pamphile Lemay, à laquelle vous tenez beaucoup !

Honoré Châsles, qui avait des biens de famille, dépêcha une traite couvrant le montant requis aux fins de satisfaire lesdits créanciers. D'autre part, il exigeait le retour de son fils au pays. Le prodigue fut accueilli comme celui de l'Évangile, mais sans festin. Honoré Châsles était alors en mesure de raisonner son fils.

Il était en mesure de lui parler sur un ton qui se voulait sévère.

Il le pria de bien vouloir travailler, de gagner sa vie honorablement, sans plus. Il termina ainsi son petit laïus:

— Tu as trente ans, Philippe et je crois qu'il est temps que tu orientes ta vie. Il est temps que tu te prennes en main. Tes folies ont rendu ta pauvre mère malade. Il faut mettre fin à tout ce désordre.

* * *

Philippe Châsles n'eut pas à chercher longtemps. Il se trouva un emploi en qualité de comptable dans une banque. Il fut un commis exemplaire pendant deux ans. Puis, un jour, lui vint une nouvelle faiblesse. Il imita la signature d'une riche cliente de la banque sur un chèque fait à son nom. Il réussit à encaisser la somme importante dans une succursale de la même banque. Il prit le train pour Montréal, où il fut arrêté dix jours plus tard, car la cliente avait déposé une plainte contre lui.

Ramené à Québec, il dut avouer le faux. La cause fut entendue dans la Chambre d'un juge ami de sa famille. Il fut condamné à trois années fermes de prison «devant être purgées dans les murs de la Cité», selon l'expression même du juge.

* * *

Excellent détenu, il gagna la confiance du gouverneur de l'établissement carcéral. Après lui avoir confié diverses tâches des plus aisées, le gouverneur le prit comme secrétaire. Cette nouvelle fonction interne l'éloignait des autres prisonniers et lui donnait accès au bureau du gouverneur.

Un jour, en l'absence de celui-ci, Philippe Châsles ouvrit un tiroir dans lequel se trouvait le cahier des laisser-passer. Il estampilla la première feuille et contrefit la signa-

ture du gouverneur. Puis, il se présenta à la porte princi-
pale. Le garde de service examina la signature, mit la
feuille dans sa poche et ouvrit la porte. Dans son esprit,
il était plausible que le gouverneur eût donné une permission de sortir à son secrétaire.

Philippe Châsles était libre!

La Justice fit enquête. Le gouverneur fut limogé. Le
gardien envoyé aux cuisines. La mère de Philippe mourut de chagrin. Son père remit sa démission. La chronique de l'époque ne dit rien d'autre sur le faussaire.

Dix ans plus tard, Justin Châsles, cousin de Philippe,
fut nommé aux Archives de la prison de Québec. Lorsqu'il
découvrit le faux laisser-passer, il le brûla purement et
simplement, ce qui nous met dans l'impossibilité de faire
la preuve de ce récit pourtant authentique.

# Le Père Tou

On croit que Toussaint Legendre fut le premier, au début du siècle, à s'installer dans l'ancien rang de Champigny. C'était le nom qu'il avait donné au maire et aux conseillers de l'Ancienne Lorette à ce moment-là comme étant le sien. Mais était-ce bien le sien? L'homme paraissait étrange mais tranquille. Il louait au Conseil une petite maison. Elle était peut-être la dernière avant la limite des Saules. Cette maison avait été abandonnée par la famille Desmeules dix ans plus tôt. Toussaint était solitaire; oui, c'était connu. Il était cependant serviable et point paresseux. Il offrait ses services ou il acceptait de bonne grâce ceux qu'on lui proposait de rendre. C'était un homme à tout faire. Il pouvait travailler le bois, le métal, le cuir. Vers la fin de l'été, il aidait les voisins pour la rentrée des foins ou la récolte des denrées maraîchères. Il pouvait également s'adonner à des travaux de réparations de voitures de ferme, de tombereaux, de loris, etc.[1]

On ne le voyait jamais au village. On ne lui connaissait pas d'amis. Mystérieux sans être vraiment misogyne, ni désagréable envers ses concitoyens, il aimait garder ses distances. Pas «chérant», il travaillait chez l'un ou chez l'autre, sans jamais laisser voir ses préférences. Après son travail, il rentrait dans sa maison éloignée du chemin du Roy. Son seul compagnon était un chien terrier qui le suivait partout sans lui causer d'ennuis. À la longue, les gens de Champigny s'étaient fait à sa dégaine, à son allure, à sa façon de vivre. Sans trop savoir pourquoi, on s'était mis à l'appeler (parce qu'il savait tout faire sans doute) tout simplement le père Tou. C'était aussi, probablement, un abrégé de Toussaint.

C'était un homme sans histoire. Quant à son passé, personne ne s'y serait intéressé. Et la vie s'en allait au même rythme d'une année à l'autre.

On ne le remarquait pas et il ne semblait tenir à être remarqué. Mais on trouvait cela bizarre! Un homme d'environ cinquante ans, sans femme, sans ami, sans téléphone, sans passé et presque sans présent.

Si, d'aventure, on lui posait des questions sur son passé, il regardait son interlocuteur d'un petit air malin, bourrait sa pipe, allumait lentement, puis, tranquillement, il répondait :

— Je crois qu'il va pleuvoir demain!

Et c'était toujours vrai! Personne ne pouvait, à Champigny et aux alentours, prévoir le temps qu'il ferait le lendemain. La météo n'était pas tellement connue à cette époque. Il recevait le curé chez lui au temps de la dîme, mais il ne fréquentait pas l'église.

\* \* \*

Ce récit n'en serait pas un si, un jour, le corps du père Tou n'avait été découvert troué d'une balle, sous la table de la cuisine. Selon le «coroner» du temps, il était mort depuis trois jours. Mystère : le terrier fut introuvable. Bien sûr, il y eut une enquête. Elle servit à découvrir que Toussaint Legendre ne possédait aucun papier d'identification. Motif du crime : inconnu! L'arme du meurtre : disparue. Pas de trace d'hommes ou d'animaux sur le sentier. La police n'entendit que des éloges concernant le père Tou. C'était un homme irréprochable. On n'y comprenait rien. La police non plus.

Pourtant, on trouva dans la poche droite de sa vareuse une vieille lettre jaunie. On put tout de même déchiffrer : «Un jour, Toussaint, je passerai te voir».

Cela ne voulait rien dire ou bien tout dire. La lettre venait de la Nouvelle-Orléans et elle avait été expédiée deux mois plus tôt. La police tenta de vaines recherches pendant une dizaine de jours.

Le maire fit un beau geste. Il obtint que le curé bénisse le cercueil et que le père Tou soit enterré dans un terrain appartenant à la paroisse, tout au fond du cimetière, sous un orme centenaire.

* * *

Cinq ans plus tard, un cousin éloigné de ma famille acheta le terrain où se trouvait la maison du père Tou.

Il promettait d'y construire une maison convenable. Aussi, de remodeler l'ancienne qui deviendrait, ni plus ni moins, qu'une remise propre.

À cette époque-là, on buvait l'eau du puits. Le nouveau propriétaire se rendit compte tout de suite que l'eau n'était pas potable. Un inspecteur de la santé publique fut mandé sur les lieux. On vida le puits. Tout au fond, se trouvaient le squelette d'un chien et un pistolet tout rouillé.

Une expertise en balistique démontra que ce pistolet avait servi sans doute vers 1861-1865, c'est-à-dire au temps de la guerre de Sécession, aux États-Unis. Pas de nom d'armurier visible, encore moins de fabrication américaine ou autre. Le maire, qui se trouvait présent à l'expertise, laissa tomber :

— Une pièce de musée, quoi !

C'est tout quant à l'histoire du père Tou. On n'en sait pas davantage. Et les chroniques du temps, vous savez...

---

(1) Lorry ou lori : petit wagon à dessus plat utilisé par les équipes chargées de l'entretien des voies ferrées. (Dict. Bélisle, page 719)

# Le sieur Eudore

On nous a appris, dès l'enfance, cette espérance toujours valable, je l'imagine :

— Il y a plusieurs demeures dans la demeure de mon Père.

La preuve en serait peut-être dans cette légende que l'on dit presque vraie, mais qui, au fond, a sans doute été transmise par des esprits imaginatifs.

Le saint Abbé de l'Abbaye de Notre-Dame-du-Lac (Oka), acheva son parcours, ici-bas, à l'âge vénérable de quatre-vingt-douze ans. Tout compte fait, on lui indiqua une place — pourrait-on dire, une vraie loge — dans la troisième demeure. Philippe Hindelang, dont l'un des ancêtres fut pendu, Au Pied-du-Courant, au cours des troubles de 1837-38, avait dédaigné le siècle dès l'âge de vingt ans. Renonçant à une certaine fortune de même qu'à sa jeune fiancée, Hélène Lecours, la plus adorable des filles de Saint-André-Avelin, le beau Philippe troqua tout ce qu'il possédait contre une cagoule, une diète alimentaire de quatre cents calories par jour, de longues heures de prières, des nuits de veille, se donnant la discipline chaque semaine, tout en étant forcé de garder un silence rigoureux. De fait, il ne parlait que pour célébrer la messe en plusieurs langues, car non seulement était-il un savant cistercien, mais aussi un polyglotte chevronné. Mais ce don magnifique ne lui avait pas permis de prêcher ce qu'il regrettait beaucoup au fond de son âme désireuse de se livrer à la communication, si importante de nos jours. Il avait écrit quelques ouvrages dogmatiques fort bien reçus au Vatican et peut-être même chez Dieu. De plus, une cruelle maladie l'avait terrassé à quatre-vingt-dix ans et l'avait tenu dans des souffrances intolérables contre lesquelles la médecine traditionnelle ne put rien. Il fut plus que raisonnablement jugé. Il fut très heureux dans cette troisième demeure. Elle était à la mesure de ses mérites. Philippe fut heureux jusqu'au jour où il aperçut le sieur Eudore L'Avalanche jouissant des délices de la deuxième demeure. Eudore, bien qu'assez bon chrétien, avait accumulé, tout au long de sa première jeunesse pas mal dissolue, des sottises à faire rougir les plus grands pécheurs, et cela, jusqu'au moment où il épousa Emma Latreille[1], une fille accorte de Lachute. Eudore voulait vivre désormais une existence rangée, ce qui n'impliquait pas nécessairement une dévotion soutenue ni le goût du martyre.

Cependant, c'était là que les desseins de Dieu (que l'on dit insondables) l'attendaient de pied ferme. Emma, que certains lettrés eussent comparé à la Bovary, lui en fit voir de toutes les couleurs. Non seulement s'était-elle arrogé le droit de tout régenter dans la vie du sieur Eudore, mais l'avait odieusement trompé et humilié pendant des années. Eudore, pas plus dévot qu'un autre, s'était résigné. Bien sûr, il souffrait, mais il endurait tout en silence. Jamais un reproche, aucune scène violente, pas même une légère réprimande. Lorsque Emma rentrait, les lèvres encore mouillées du baiser de son plus récent amant, Eudore la regardait sans mot dire. Ce regard était un jugement en soi.

Elle haussait les épaules hardiment et lui lançait un sourire qui ressemblait fort à du mépris. Un jour, décidée à se débarrasser de lui, elle soudoya une amie qui vint déclarer à la Cour, devant un juge seul, que son mari la battait régulièrement, ce qui la rendait malheureuse et frustrée. Où se trouvaient les ecchymoses dont elle se plaignait si fort? C'était à un endroit difficile à montrer et à faire la preuve devant la Cour. Emma eut gain de cause. Elle dépouilla Eudore de tout ce qu'il possédait, même l'honneur.

\* \* \*

Philippe Hindelang, qui avait été passablement au courant de toute cette histoire, crut à l'injustice en voyant le bonheur auréolé du sieur Eudore. Il s'en plaignit au Seigneur racontant tout ce qu'il avait fait pour se sanctifier et plaire à Dieu. Le bon cistercien présenta, le plus humblement possible, sa longue vie de renoncement, ses jeûnes, ses veilles, ses disciplines, les souffrances de ses dernières années sur la terre. Comment avait-il donc été apprécié par le Seigneur? Ne se trouvait-il pas dans la troisième demeure alors que le sieur Eudore, dans la deuxième, bénéficiait d'une plus belle vue de Dieu, entourée des anges et des saints italiens, espagnols, français, allemands, hollandais et même anglais. Le Seigneur ne laissa pas Philippe Hindelang bien longtemps à sa sotte réflexion.

Il lui fit répondre par l'Archange saint Michel :

— Il est vrai que tu as enduré beaucoup. Mais pour la deuxième demeure, il t'aurait fallu, en sus, endurer Emma Latreille.

---

(1) Nom fictif, bien entendu.

Achevé d'imprimer
en avril 1988 sur les presses
des Ateliers Graphiques Marc Veilleux Inc.
Cap-Saint-Ignace, Qué.